故事
宇文恺
555—612
隋朝城市规划和建筑工程的专家
主持修建隋唐长安城
王贞仪
1768—1797
清代著名女科学家
一行
683—727
唐代科学家
首次精确测出子午线的长度
毕昇
972—1051
中国古代四大发明之一
活字印刷术的发明者
宋应星
1587—约1666
明朝著名科学家，著有《天工开物》，被誉为“中国17世纪的工艺百科全书”
沈括
1031—1095
著作《梦溪笔谈》集前代科学成就之大成，被称为“中国科学史上的里程碑”
郭守敬
1231—1316
元代科学家
制订《授时历》
是当时世界上最先进的历法
李时珍
1518—1593
明代著名医药学家，
被后世尊为“药圣”；
著有《本草纲目》
蒯祥
1399—1481
中国明代建筑匠师，
公认的天安门的设计者

由于晚清时期，中国科技水平逐渐落后于西方，以至于很多人有一个误解，以为中国古代没有科学。其实，中国古代不仅有科学，而且其科技水平在多数时期都是领先于当时世界的。

勤劳出智慧，勤劳的中国人民很早就在衣食住行、天文算术等方面表现出突出的智慧。扁鹊是第一位进入正史视野的医生，人称"医祖"，并且形成了望、闻、问、切等中医基本诊断方法。鲁班被称为"百工之祖"，他的诸多发明创造在建筑、农业、军事等各方面都有广泛应用。李冰修建都江堰，水利工程惠万世。贾思勰总结农业经验，对中国农业的发展功莫大焉。李时珍著《本草纲目》，是对中药学、植物学的系统性、科学性的总结。

除此之外，中国古代科技的发展同样体现在天文算术等方面。祖冲之第一次将圆周率精确到小数点后第七位。唐朝僧一行在世界上首次精确测出子午线的长度。郭守敬编制的《授时历》是当时世界上最先进的历法。曾经有一位女科学家，被世界权威学术期刊《自然》列为"为科学发展奠定基础的女性科学家之一"，你知道她的名字吗？她就是清代的王贞仪。

而造纸术、指南针、火药、印刷术等中国古代四大发明，更是美名远扬，堪称改变了世界历史进程，对世界文明的发展产生了深远影响，是世界科技史上绕不过去的丰碑。

传世科学家

文海 编著

人民东方出版传媒
People's Oriental Publishing & Media
東方出版社
The Oriental Press

图说历史
扁鹊
生卒年不详
春秋战国时期第一名医
人称“医祖”
鲁班
前507—前444
春秋时期鲁国人
被尊为中国木匠鼻祖
李冰
生卒年不详
著名水利工程专家
主持修建都江堰水利工程
蔡伦
？—121
改进造纸术
被奉为造纸鼻祖、纸神
张衡
78—139
发明浑天仪、地动仪
华佗
约145—208
东汉末年著名医学家
被后人称为
“外科圣手”“外科鼻祖”
马钧
生卒年不详
中国古代最负盛名
的机械发明家之一
被赞誉为“天下之名巧”
祖冲之
429—500
南北朝时期杰出的数学家、天文学家
首次将圆周率精算到小数第七位
贾思勰
生卒年不详，中国古代杰出的农学家
《齐民要术》被誉为
“中国古代农业的百科全书”

目录

扁鹊　第一位进入正史的医生 002

鲁班　酷爱发明的木匠鼻祖 006

李冰　都江堰的修建者 010

蔡伦　造纸术的改良者 014

张衡　地动仪的发明者 018

华佗　世界最早的麻醉剂发明者 022

马钧　古代最负盛名的机械发明家之一 026

祖冲之　最早将圆周率精算到小数第七位 030

贾思勰　最早最完善农学名著创作者 034

宇文恺　隋代两大城池的修建者 038

一行　精确测出子午线长度的世界第一人 042

毕昇　活字印刷术之父 046

沈括　中国科学史上的里程碑 050

郭守敬　编制《授时历》的科学家 054

蒯祥　天安门的设计者 058

李时珍　《本草纲目》编撰者 062

宋应星　《天工开物》创作者 066

王贞仪　中国女科学家代表人物 070

扁鹊 第一位进入正史的医生

扁鹊

生卒年不详，姬姓，秦氏，名越人
春秋战国时期第一名医
古代第一位进入正史的医生，人称“医祖”

扁鹊，原名秦越人，他自小就跟别的孩子不同，除了发际线特别高，显得额头较大之外，他很少哭闹，眉宇之间透露出不同寻常的灵气。父母对他疼爱有加，日子过得清苦，他们还是省吃俭用，千方百计积攒出学费，把秦越人送到了当地的私塾里读书。

秦越人没有辜负父母的期望。他学习刻苦、成绩优异，还特别乐于帮助贫苦人家的孩子，深得老师和同学的赞许。在学习期间，为了贴补家用，秦越人在当地的客馆里谋得了一份差事，在与天南海北的客人的交往中，偶然结识了民间神医长桑君。长桑君见秦越人人品出众、天分过人，便把自己的医术和药方倾囊（qīng náng）相授。十几年间，秦越人废寝忘食，全身心投入到医术的研究和学习之中，一点一滴地学习长桑君的医学经验和方法，渐渐成为一位有真才实学、临床经验丰富的名医。

随后，秦越人四处游历，开始了自己的行医生涯。一次，他到了晋国。当时，晋国掌权者赵简子因为用脑过度，昏迷了五天五夜。官员们急得像热锅上的蚂蚁，秦越人给他诊脉后，说：“病人的血脉平和，不必大惊小怪，不出三日就会康复。”果然两天之后，赵简子醒了过来。醒来后的赵简子伸了伸懒腰，长长地打了几声哈欠，像刚刚美美地睡了一觉一样。众人惊奇不已，亦对秦越人刮目相看。

赵简子得知事情经过后，赠送秦越人蓬鹊山四万亩良田作为食邑之

地。正巧，蓬鹊山九仙洞上面，有翩翩欲飞的天然石鹊和静观天下的神奇石人像。赵人便把医术高超的秦越人看作带来吉祥的喜鹊一般，称他为“扁鹊”。

为了自己所钟爱的医学事业，为了拯救天下苍生，扁鹊带着弟子们游历天下。公元前 357 年，扁鹊又来到了齐国的都城临淄（zī）。齐桓侯接见扁鹊时，扁鹊望着桓侯的脸色，直言不讳（huì）地说：“您有病在肤表，如不尽快治疗，病情就会加重。”桓侯听了，坚持说：“我没病。”

扁鹊见他不听劝告，摇摇头退了出去。望着扁鹊的背影，桓侯对身边的人说：“凡是医生都是贪图名利的。他们常常把没病的人当有病的来治，以显示本领。”

过了五天，扁鹊又来见齐桓侯，观察一番之后说：“您的病已经到了血脉，不治会加重的。”桓侯听了很不高兴。又过了五天，扁鹊来见齐桓侯，经过细致观察，严肃地对他说：“您的病已在脏腑之间，不治将会深入体内！”齐桓侯听了很生气，依旧没有理睬扁鹊的话。等到第四次来见，扁鹊只轻轻瞥了一眼，一句话都没有，就匆匆离开了。齐桓侯很奇怪，派人去询问缘由。扁鹊说："病在肤表，用汤剂、药熨可以治好；病进入血脉，用针灸可以治好；病到了肠胃，用药酒也能治愈。如今齐桓侯的病已经深入骨髓，再也没法治了，我只好躲开。"又过了五天，齐桓侯果然病重，派人请扁鹊来治，扁鹊早已逃离齐国。而齐桓侯因讳疾忌医，贻误时机，没多久就病逝了。

扁鹊和众弟子周游列国，济世救人，行程四千余里。在巡游中，扁鹊也随俗为变，医、药、技均得到了提升。他在诊视疾病的过程中，逐渐形成一套诊断技术，也就是后来中医总结的四诊法：望诊、闻诊、问诊和切诊，扁鹊称之为望色、听声、写影和切脉。《史记》称扁鹊是最早把诊脉运用于临床的医生。

扁鹊精于内、外、妇、儿、五官等科，应用砭（biān）刺、针灸、按摩、汤液、热熨等方法治疗疾病，堪称一位医术高明的"全科医生"，因此，他也被后人尊为"医祖"。

生词学习

倾囊（qīng náng）相授：把所有技能、知识都传授给学生。

临淄（zī）：地名，在山东。

直言不讳（huì）：直截了当地说出来，没有丝毫顾忌。

砭（biān）：古代一种治病的石针；也指用石针扎穴位治病。

讳（huì）疾忌医：比喻怕人批评而掩饰自己的缺点和错误。

百炼成金

知识考点

扁鹊姓姬，叫秦越人，是春秋战国时期第一名医；古代第一位进入正史的医生，人称“医祖”。

默写练习

qīng náng xiāng shòu

(　　　　　　　　)

fèi qǐn wàng shí

(　　　　　　　　)

huì jí jì yī

(　　　　　　　　)

代表性成就

望闻问切

扁鹊在诊视疾病中，已经应用了望色、听声、写影和切脉的中医诊疗技术，即后来中医总结的四诊法：望诊、闻诊、问诊和切诊。扁鹊是我国历史上最早应用脉诊来判断疾病的医生，并且提出了相应的脉诊理论，奠定了我国传统医学诊断法的基础。

鲁班 酷爱发明的木匠鼻祖

鲁班

前 507 — 前 444

春秋时期鲁国人，人称公输盘、公输般、班输等，惯称“鲁班”

被尊为中国木匠鼻祖

有个成语叫班门弄斧，是用来讽刺那些在行家面前卖弄本领的人。这里的“班”，指的就是鲁班。鲁班是我国古代一位非凡的工程技术专家，也是我国古代实用科技方面卓越的发明家。

鲁班出生于一个穷苦的工匠之家，从小就跟随家里人参加过许多土木建筑。在日复一日的劳作中，鲁班逐渐掌握了各种技能，积累了丰富的实践经验。鲁班不满足于做一个小木工，他把大量时间用在了发明上。据古籍记载，木工使用的许多工具器械都是鲁班发明创造的。

有一次，鲁班在做木工的时候，觉得手工画线不方便，就开动脑筋发明方便画线的工具，于是中国就有了墨斗。还有一次，鲁班觉得用斧头砍木头又累又不平整，就从农人用耙子耙地中受到启发，自制了一把平刃平面的刀，上面盖了块铁片，用这把刀在木料上推几下，木头的表面就变得又平整又光滑。后来为了使用方便，又加了把手，于是刨子就这样诞生了。

而鲁班发明锯子则是一场意外。相传有一次，鲁班一大早上山伐木。因为他抄小路上山，山坡太陡又滑，他便用手攀着树枝杂草向上爬；爬着爬着，一不小心脚底一滑，滚落下去。鲁班慌乱中伸手抓住一把茅草才没有滚下去。等他爬起来后，伸开手掌一看，掌心全被划破了，鲜血淋漓。

鲁班很纳闷：为何一把茅草能划破我的手掌？于是，他轻轻摘下茅草的叶片，仔细查看，原来这种茅草叶子的两边长着锋利的小细齿，人一拽，手就被划破了。鲁班看着茅草，忽然灵机一动：如果仿照茅草的样子，在

薄薄的铁片边缘也打出细齿来，不就能很快锯断树木了吗？鲁班回去后便让铁匠打了一批带有细齿的铁片，开始了自己的新发明。锯子就诞生了。

从这些事例可以看出，每一件工具的发明，都是鲁班在生产实践中得到启发，经过反复研究、试验而创造出来的。这些木工工具解放了工匠们的双手，使他们从原始繁重的劳动中解放出来，劳动效率成倍提高，土木工艺出现了崭新的面貌。后来人们为了纪念鲁班，把他尊为中国土木工匠的始祖。

鲁班还有很多对人们日常生活有利的发明。比如，春秋战国时期出现的打井技术。早期的井，其实就是“临渴掘（jué）井”的应急水坑。鲁班发现，井挖得越深，出的水也就越多越稳定，但如果不加固井壁，井就非常容易坍塌。因此，鲁班发明创造了打井的技法，后来才出现了各种各样的水井：井壁以石头砌垒的石井，以砖砌垒的砖井，以陶环套接的陶井，以沙灰捶抹的灰井，以木材构架的木井……为了防止污水流入，鲁班还带领人们建井台，筑井亭。后来，他看见乡亲们在井边打水用瓦罐提水太辛苦，又殚精竭虑（dān jīng jié lǜ）地发明了滑轮，滑轮“转”成了辘轳（lù lu）；有了它，人们打水再也不吃力了。后来辘轳又被广泛地运用在了风车、水车上。

石磨也是鲁班发明的。他用两块比较坚硬的圆石，各凿成密布的浅槽，合在一起，用人力或畜力使它转动，就把米面磨成粉了。在此之前，人们加工粮食都是把谷物放在石臼（jiù）里用杵（chǔ）来舂（chōng）捣。

这位伟大的巨匠于公元前444年去世了。在他忙碌又充实的一生中，留下了无数造福于人民的创造与发明。现在，鲁班的名字已经成为古代劳动人民智慧的象征。

生词学习

掘（jué）：刨；挖。

殚精竭虑（dān jīng jié lǜ）：形容用尽精力、费尽心思。

石臼（jiù）：用石凿成的舂米谷等物的器具。

辘轳（lù lu）：利用轮轴原理制成的井上汲水的起重装置。

杵（chǔ）：舂米或捶衣的木棒。

舂（chōng）：把东西放在石臼里捣去皮壳或捣碎。

百炼成金

知识考点

鲁班是春秋时期鲁国人，人称公输盘、公输般、班输等，惯称“鲁班”；他被尊为中国木匠鼻祖。

默写练习

dān jīng jié lǜ

(　　　　　　　　)

shí jiù　　　　chǔ　　　　chōng dǎo

放在（　　　　）里用（　　）来（　　　　）

代表性成就

鲁班锁

传说由鲁班发明的一种木质三维拼插玩具，实际上是古代中国建筑的榫卯结构。外观是严丝合缝的十字立方体，内部的凹凸部分互相啮合，十分巧妙。鲁班锁有各种类型，但都易拆难装。它有利于开发大脑，灵活手指，是一种很好的益智玩具。

李冰 都江堰的修建者

李冰

生卒年不详

号称陆海

战国时期著名的水利工程专家

主持修建都江堰（yàn）水利工程，被后人尊为“川主”

2008年5月，四川发生了破坏力巨大的地震——汶川地震。大量房屋、建筑在地震中倒塌。然而，有一座屹立2000多年的大坝却岿（kuī）然不倒，仅仅出现了两条裂缝。这就是著名的都江堰水坝。而都江堰的主修者，就是战国时期著名的水利工程专家李冰。

秦昭襄王末年，李冰担任蜀郡太守。他上任后干的第一件大事，便是治水。他带领儿子去岷（mín）江两岸实地考察，仔细研究了历代治水经验，最终决定因势利导，充分利用岷江和成都平原的地理条件，制定了治理岷江的规划方案，即将岷江水流一分为二，分为东西两大支水流，再将东边一条水流引入成都平原。如此一来，既能为岷江洪水分流减灾，又能引水灌溉农田，可谓一举两得。

执行的时候，李冰马上就遇到了困难：灌县城西南有一座玉垒山，阻碍了岷江水东流，尤其是夏秋洪水季节，经常造成东旱西涝，百姓苦不堪言。因此工程的第一步就是要打通玉垒山。玉垒山是一座石头山，把它中部打通，西边的水就可以流向东边。问题是，战国时期火药还没被发明出来，如何才能把岩石凿穿呢？

李冰冥思苦想，终于想出了一个好办法。他先让人用火把岩石烧红，然后立即泼上冷水，由于热胀冷缩，岩石就自己爆裂开来。就这样，历经八年，玉垒山被凿出了一个大约宽 20 米、高 40 米、长 80 米的山口。因为山口的形状酷似瓶口，故取名“宝瓶口”。

因为地势东高西低，西边的江水还是无法往东流。于是，李冰又想法在宝瓶口前方的江中造一道分水堰，把岷江分流。因为这个分水大堤的前端犹如鱼头，所以取名为“鱼嘴”。鱼嘴将岷江分为西支的外江，东支的内江。外江是岷江的正流，内江是东部平原灌溉渠道的总干渠。

此外，李冰还修建了分洪用的平水槽和“飞沙堰”溢洪道等辅助设施，以“深淘滩、低作堰”为核心思想，每年定期对江中泥沙进行清理，确保都江堰得到持续良好的工程维护，从而使其屹立 2000 年之久。

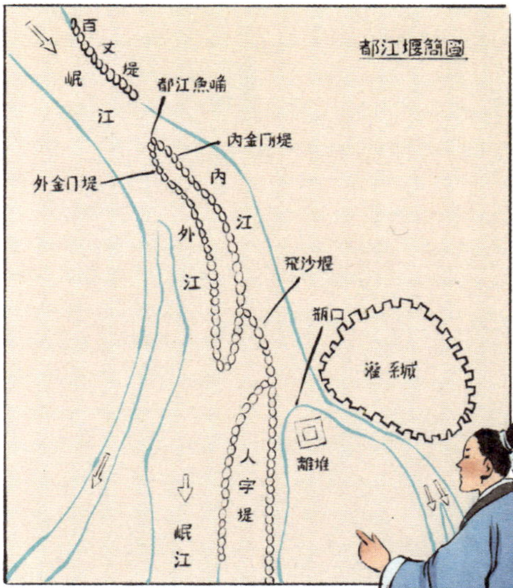

都江堰能够一直发挥作用，一个重要原因是李冰父子对水量的准确测算。修成之后，李冰父子不敢放松警惕，因为他们心里清楚，必须控制好进入内江的水量才能做到旱涝无忧。接下去，李冰父子花了近十年的时间，通过收集水位数据、灌溉数据和粮食产量，最终计算出了水位上下限。随后，他找来石匠，雕刻了三个巨大的石头人，把它们放在了内江的江口处。有了石头人，百姓们自己就可以轻松调节进入内江的水量了：水位如果低于石头人的脚背，下游平原就会出现旱灾；反过来，如果水位高过了石头人的肩头，下游平原就会出现洪涝。

都江堰兼有防洪、灌溉、航行三种功能，是全世界年代最久的引水工程。它使得横冲直撞的岷江如同套上了辔（pèi）头的野马，变得温顺可驾驭（jià yù）。2000 多年来，它一直发挥着重要的排灌作用，曾经危害当地百姓千年的岷江水患被彻底根除。同时，有了它，成都平原很少发生旱灾。多灾多难的成都平原因为都江堰成了“天府之国”。

除了水利工程，李冰对蜀地的经济建设也做出了很大贡献。在李冰来蜀地之前，川盐开采一直处于非常原始的状态，大多依赖天然咸泉、咸石。李冰创造了凿井汲卤（jí lǔ）煮盐法，结束了巴蜀盐业生产的落后状况。这也是中国史籍关于凿井煮盐的最早记录。因为有了李冰，才有了后来誉满天下的四川自贡井盐。

李冰一生都在从事水利工程，最后积劳成疾，倒在了治理石亭江的工地上。为了缅怀李冰，两千多年来，四川百姓都把李冰尊为“川主”。

生词学习

堰（yàn）：较低的挡水构筑物，以提高上游水位，便利灌溉和航运。

驾驭（jià yù）：驱使车马行进；引申为使人服从自己的意志而行动。

岿然（kuī）：高峻独立的样子。

汲（jí）：从下往上打水。

卤（lǔ）：制盐时剩下的黑色汁液，味苦有毒。

辔头（pèi）：驾驭牲口的嚼子和缰绳。

岷江（mín）：水名，在四川。

百炼成金

知识考点

李冰是战国时期著名的水利工程专家，主持修建都江堰水利工程，被后人尊为“川主”。

默写练习

kuī rán bù dǎo

大坝却（　　　　　　　　）

yīn shì lì dǎo

决定（　　　　　　　　）

míng sī kǔ xiǎng

李冰（　　　　　　　　）

yù mǎn tiān xià

后来（　　　　　　　　）

jī láo chéng jí

最后（　　　　　　　　）

代表性成就

都江堰

战国时期秦国蜀郡太守李冰在公元前 256 年主持修建，位于四川成都平原西部都江堰市西侧的岷江上。这一大型水利工程科学地解决了江水自动分流、自动排沙、控制进水流量等问题，消除了水患；是世界水利文化的鼻祖，至今仍在发挥灌溉作用，是造福人民的伟大水利工程。

蔡伦 造纸术的改良者

蔡伦

？—121

字敬仲

改进造纸术，成为中国古代四大发明之一；被纸工奉为造纸鼻祖、纸神

提起四大发明，所有中国人都为之骄傲。其中就包括造纸术。造纸术的改良者蔡伦，曾被排为“影响人类历史进程的一百名人排行榜”的第七位，海外影响力仅次于孔子。

东汉初年，蔡伦出生于湖南桂阳郡。因为当地盛产铁矿石，蔡伦的祖辈世代都以炼铁、打铁为生。蔡伦小时候在乡学启蒙读书，每天习《周礼》，诵读《论语》，浸润、徜徉（cháng yáng）在儒家典籍之中。聪明伶俐的蔡伦，除了对家乡冶炼、铸造技术感兴趣之外，对于种麻、养蚕等农事活动也充满了好奇。十几岁的时候，因为博学多才，蔡伦已经在当地小有名气。

公元 75 年，蔡伦由官员推荐，进皇宫做了宦官。尽管当太监所付出的代价，让蔡伦遭受了身体和心理上的巨大创伤，但他并没有心生恨怨。入宫之后，他依然不改秉性，一有闲暇（xiá）就研究器物制作，尤其到了休假的时候，别人或忙着聚会寻欢，或忙着攀附钻营，唯有蔡伦常常一身轻装，独自到郊外观察自然、研究生产，和各行业的能工巧匠们攀谈，虚心向他们学习请教。就这样，蔡伦一面在宫中兢（jīng）兢业业地做着本职工作，一面努力学习，最终成为一个做事细心且有真才实学的人。

公元 97 年，蔡伦受命兼任尚方主管。尚方是掌管皇宫制造业的机构，

蔡伦从而找到真正的用武之地。其间，在制作重要器物时，他都悉心组织人进行改进，或者亲自监工，以至当时尚方制作的刀剑等器物“莫不精工坚密，为后世法”。

自从有了文字，就出现了书写文字的载体，如石头、龟甲、兽骨、树叶、竹简、丝帛，乃至羊皮。但它们作为文字载体的缺点显而易见，或笨重或昂贵或不易保存。西汉造出了纸，但初期的纸太粗糙（cāo），根本不适合用来写字。

能不能造出便利而价廉的纸张呢？蔡伦始终思考这个问题。他先总结了民间制作雏形纸的零散经验，又召集了一群能工巧匠。经过多次试验，总结出了造纸的生产程序：一分离，二捶捣，三交织，四干燥。按照这一生产程序，他们挑选出树皮、破麻布、旧渔网等，让工匠们切碎剪断，放在碱水中沤浸或蒸煮，分离出纤维；再把它们捞起，放入石臼中捣碎捣烂，做成纸浆；然后使用“漂絮”的方法，用席子捞取纸浆，捞出的纸浆在席子上形成薄薄的一层，晒干后，就成了纸。蔡伦带着工匠们反复试验，最后终于试制出既轻薄柔韧，又成本低廉的纸张。

汉和帝元兴元年（105），蔡伦把改进造纸术的成果写成奏折，连同纸张一起呈给汉和帝。皇帝对此大加赞赏，诏令天下，在朝廷内外推广造纸改进技术。很快，纸便渐渐应用到社会生活的各个领域。因为蔡伦受封龙亭侯，后来人们都把这种纸称为“蔡侯纸”。

公元121年，因被迫卷入朝廷的权力斗争，蔡伦自杀身亡。尽管斯人已去，但经他改良的造纸术却沿着丝绸之路经过中亚、西欧向整个世界传播，不仅改变了人们的生活方式，而且改变了社会发展历程，意义重大，造纸术因此成为我国古代四大发明之一。

生词学习

徜徉（cháng yáng）　闲游；安闲自在地步行。

闲暇（xiá）　空闲的时间。

兢兢业业（jīng）　形容做事谨慎、勤恳。

粗糙（cāo）　指质料等不精细，不光滑；也指工作等草率，不细致。

百炼成金

知识考点

蔡伦改进了造纸术，发明了“蔡侯纸”。他改进的造纸术是中国古代四大发明之一。他被纸工奉为造纸鼻祖、纸神。

默写练习

cháng yáng
(　　　　)在儒家典籍之中

jīng jīng yè yè
(　　　　　　　)地工作

代表性成就

造纸术

造纸术是中国古代四大发明之一。早在西汉时期，中国已经有了造纸术。东汉元兴元年，蔡伦改进了造纸术。他用树皮、麻头、破布、旧渔网等为原料，经过挫、捣、炒、烘等工艺制造的纸，是现代纸的源头。这种纸，原料易找，又很便宜，质量也提高了，逐渐普遍使用。为纪念蔡伦的功绩，后人把这种纸叫作“蔡侯纸”。

张衡 地动仪的发明者

张衡
78 — 139
字平子
东汉中期浑天说的代表人物之一，发明了浑天仪、地动仪，被后人誉为“木圣”
著有天文学著作《灵宪》《浑仪图注》，数学著作《算罔论》，文学作品《二京赋》《归田赋》等

张衡是一位伟大的天文学家、数学家、发明家、地理学家、制图学家、文学家……被尊称为南阳五圣之一，与司马相如、扬雄、班固并称汉赋四大家，堪称一位全才。而拥有众多头衔的他，还有一个震古烁（shuò）今的发明——候风地动仪。

张衡天资聪颖，自小刻苦向学，除了传统的儒家经典，他对天文等学科也都很感兴趣。读万卷书不如行万里路，十七岁时，张衡离开家乡出外游历，访师求学。辗（zhǎn）转来到都城洛阳，进入了当时的最高学府——太学，结识了后来著名的学者崔瑗（yuàn），并与之结为挚友。

张衡后来在《应闲》一文中曾说：“一个人不应担心自己地位不高，而应该注重自己道德是否高尚；不应当为收入菲薄而害羞，而应当为知识不广博而耻辱。”张衡把这段话当成自己的座右铭。他不仅精通《诗》《书》《礼》《易》《春秋》等儒家经典，还深入学习研究了算学、天文、地理和机械制造等学科。好友崔瑗说：“没有张衡不学的学问，没有他不请教的老师，为一物不知以为耻，听到有教益的话他就非常高兴。”

公元 100 年，南阳太守仰慕张衡的才华，邀请他回家乡南阳做主簿，帮助自己处理日常政务，这一年，张衡二十三岁。多年学习加上游历积累，

让张衡在主簿的位置上得心应手。他辅助太守发展农桑，兴修水利，推广新式铁制农具，使南阳经济得到了长足发展。

在政务之余，张衡从来没有放松过学习，他仔细学习研究了《太玄经》《墨经》等典籍，书中所记述的宇宙观、认识论、逻辑学、经济学和自然科学成果，让张衡沉迷。其中，西汉末年大辞赋家扬雄的《太玄经》是仿《易经》的体裁而作的，道理很深，文字难懂，很少人看，张衡却看得如醉如痴。《太玄经》讲到很多天文、历算知识，但讲得很简略，于是，张衡花了三年时间，逐字逐句“翻译”《太玄经》，直到彻底弄懂弄通。这段钻研，为他后来研究天文、历算等自然科学问题打下了理论基础。

111 年，汉安帝下旨召张衡进京任职。张衡被任命为太史令，掌管天时、星历。任职期间，张衡完成了他一生中最重大的科学研究工作。117 年，根据自己的浑天说，张衡制造出了世界上第一架测量天体位置的水运浑天仪，他把自己所观测和计算得出的天文坐标，刻在一个直径四尺

多的铜球上，铜球运转，人们就可以直观地观察天体的运行情况，后世的天文学家从中受益匪（fěi）浅。

东汉是我国历史上的地震高发期，当时人都认为，地震的发生是上天的旨意，作为人间的凡夫俗子，人们只能顺受。张衡却不这么看，他认为地震是可以测量的，地震的损失也是可以人为干预控制的。于是，他开始着手研究，并在公元 132 年发明了世界上第一台测量地震方位的地动仪，领先西方 1800 年。

根据史料记载，公元 134 年 12 月 13 日，地动仪的一个龙机突然发动，吐出了铜球，掉进了下方蟾蜍（chán chú）的嘴里。当时在京都的人们却丝毫没有感觉到地震的迹象。人们议论纷纷：这地动仪不灵验啊！几天后，驿站上传送文书的人来了，证明在陇西地区发生地震，大家都惊叹地动仪的神奇。

公元 139 年，张衡因积劳成疾逝世，享年六十二岁。后人为了纪念张衡的功绩，在南阳修建了张衡博物馆。联合国天文组织将月球背面的一个环形山命名为“张衡环形山”，还将太阳系中的 1802 号小行星命名为“张衡星”。

生词学习

震古烁（shuò）今：震动古人，显耀当世。

瑗（yuàn）：玉器的一种，是大孔的璧。

受益匪（fěi）浅：收获不小，有很大的收获。匪：通“非”。

蟾（chán）蜍（chú）：一种两栖动物，俗称蛤蟆 (há ma)。

百炼成金

知识考点

张衡字平子，发明了浑天仪、地动仪，是东汉中期浑天说的代表人物之一，被后人誉为“木圣”。著有天文学著作《灵宪》《浑仪图注》，数学著作《算罔论》，文学作品《二京赋》《归田赋》等。

默写练习

zhèn gǔ shuò jīn

（　　　　　　　　）的发明

shòu yì fěi qiǎn

从中（　　　　　　　　）

chán chú

（　　　　）的嘴里

代表性成就

地动仪

由张衡创造的传世杰作。地动仪有八个方位，每个方位均有口含龙珠的龙头，在每条龙头的下方都有一只蟾蜍对应。任何一方有地震发生，该方向龙口所含龙珠即落入蟾蜍口中，由此便可测出发生地震的方向。

华佗 世界最早的麻醉剂发明者

华佗

约 145 — 208
字元化
东汉末年著名医学家，被后人称为“外科圣手”“外科鼻祖”；与董奉、张仲景并称为“建安三神医”

在扁鹊之后，我国东汉末年又出了一位精通全科的医生。他精通内、外、妇、儿、针灸各科，对外科尤为擅长；他善用针灸方法，且擅长开胸破腹的麻醉外科手术，比欧美全身麻醉外科手术领先 1600 余年。这位医生就是大名鼎（dǐng）鼎的华佗。

华佗的父亲是一位教书先生，母亲在家养蚕织布，日子虽算不上富裕，倒也平淡安稳。然而，世事难料，在华佗七岁那年，父亲染病离世，家中失去了顶梁柱。生计所迫，年幼的华佗拜父亲生前好友蔡医生为师，跟随他学习医术。华佗天资聪颖，学习刻苦，很快就在医术上小有所成。

华佗年纪轻轻，便已经在多地行医。他兼通各科，还懂得养生之道，帮人治好了许多疑难杂症，渐渐声名远扬。与其他医生相比，华佗格外重视针对不同病情和脏腑病位对症施治。一次，有两个军吏同时发烧，症状完全一样。华佗给他们诊断之后，开出来的药却大不相同，一个开了发汗药，一个开了泻药。神奇的是，两个人服药后很快都痊愈了。原来，这两个人虽然症状一样，但一人是表症，应当发汗驱病；另一个是里热症，应该把病邪泻下来。

华佗在治病时，遇到病人病邪郁结体内，针药不能直接达到，不得不采用外科手术的方法祛除病患。但是，他发现外科手术对病人造成很大的痛苦，如何缓解、避免这种痛苦呢？华佗走访了许多医生，收集了有麻醉

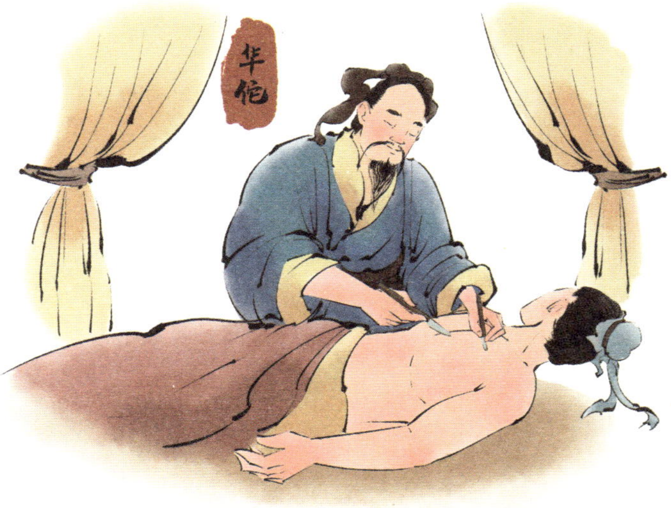

作用的药物，经过反复揣摩试验，终于发现了麻醉作用最为明显的草药，再配合其他有麻醉、镇痛作用的药物，制成了药粉，并命名为“麻沸散”。

有一次，一个人的肚子痛得厉害。华佗检查后发现病人得的是盲肠炎，必须开刀治疗。华佗便用酒和着麻沸散，让病人喝下。没一会儿，病人就昏睡过去。这时，华佗才用沸水煮过的小刀剖开病人的右下腹，切除溃（kuì）烂的盲肠，洗涤（dí）腐秽（fǔ huì），再用桑皮线缝合，涂上一种药膏。一月间，病人的伤口便愈合了。

华佗所使用的麻沸散是世界最早的麻醉剂。据考证，华佗是历史上第一个使用全身麻醉术的人。华佗也因此被后世尊为“外科鼻祖”。

华佗还是中国古代医疗体育的创始人之一。他曾经向弟子传授自己的养生秘诀：经常参加运动或劳动，但避免过于劳累。华佗指出，经常活动可加快食物消化，使血流循环通畅，从而不生病。他还为年老体弱者创编了一套健身操——“五禽戏”，先模仿虎扑动前肢，又模仿鹿伸转头颈，再仿熊伏倒站立，接着仿猿脚尖纵跳，最后仿鸟展翅飞翔。华佗自己每天坚持练五禽戏，五十岁还能翻山越岭，健步如飞，牙齿也一颗未掉。

权臣曹操常犯头风眩晕病，于是请华佗为自己针刺治疗。每次治疗后，曹操便脑清目明，疼痛立止。只是这种治疗方法不能除去病根，需长期治疗。曹操想留华佗做侍医，华佗不愿意，就找了个借口推脱，一下子惹怒了曹操。公元 208 年，曹操找罪名将华佗杀害了。

华佗因为出神入化的医术，被后人称为“外科圣手”和“外科鼻祖”。后人多用“神医华佗”称呼他，又以“华佗再世”“元化重生”称誉有杰出医术的医师。

生词学习

大名鼎鼎（dǐng）：形容名气很大，极其有名。

溃（kuì）烂：腐烂。

腐（fǔ）秽（huì）：腐烂肮脏，常指不洁净的处所和事物。

涤（dí）：洗。

百炼成金

知识考点

华佗字元化，东汉末年著名的医学家，被后人称为“外科圣手”“外科鼻祖”。与董奉、张仲景并称为“建安三神医”。

默写练习

dà míng dǐng dǐng

(　　　　　　　　)

xǐ dí fǔ huì

(　　　　　　　　)

代表性成就

麻沸散

华佗创制的用于外科手术的麻醉药。每当需要手术时，就让病人先服麻沸散，以减轻病人的痛苦。这是世界上最早的麻醉药，比西方领先1600余年。

马钧 古代最负盛名的机械发明家之一

马钧

生卒年不详

字德衡

中国古代最负盛名的机械发明家之一，被赞誉为“天下之名巧”

汉末三国时期，我国出了一位杰出的机械发明家，他在传动机械方面造诣深厚，当时人们称他为“天下之名巧”，他就是马钧。

马钧出身贫寒，且从小口吃，不善言谈，但是他很喜欢思索，善于动脑，同时注重实践，勤于动手，尤其喜欢钻研机械方面的问题。在马钧的家乡扶风县（今陕西省扶风县），很多人家以织绫为业。当时的织绫机叫提花机，据传是汉昭帝时陈宝光的妻子创造的，已经沿用了二三百年。为了织出复杂精美的花纹图案，每根经线由一“综”控制，每一“综”则由一个叫蹑的踏具操纵。这种提花机最大的缺点是每穿织一根纬线，得踩动 50 或 60 下蹑，一天织下来，双腿疲惫不堪，织成一匹绫要花很多时间。能不能将织绫机改造得省力一些呢?

有一次，马钧看到村里的孩子打核桃，一个孩子解下裤带结成一根长绳，在一端系上石块，往树上一甩，绳子就从一根树枝上绕了过去，然后把绳子两端捏在手里，往下使劲一拉，一下子就捋（luō）下来几十个核桃。马钧顿时眼睛一亮：长绳一次能拉下来很多核桃，如果用一大块蹑代替许多小蹑，蹑的数量大大减少，踩起来就省力了。他日夜研究，最后把原来“五十综五十蹑”和“六十综六十蹑”的织绫机简化成仅有十二蹑的机器。不仅工效提高了四五倍，织出来的绫布花纹也更加生动自然了。各地很快都开始采用马钧改进的新绫机，绫的产量大幅度提高，马钧也随之名声远扬。

后来，应朝廷邀请，马钧进京做官。有一天，一些官员就指南车和马钧展开了激烈的争论。这些官员认为，古代根本没有指南车，记载上的说法不过是古人自吹自擂（léi）罢了。马钧并不与他们争辩，而是说：“我们不如试制一下，自有分晓。”随后，马钧在没有资料、没有模型的情况下，仔细研究，反复实验，没过多久，终于运用差速齿轮的构造原理，将指南车再现了出来。指南车上立着一个木头人，不论车子朝向哪个方向，木头人伸出的手始终都是指向南方，非常神奇有趣。马钧用他造出的实物赢得了所有人的敬佩，从此，“天下服其巧也”。

还有一次，当时的魏明帝收到进贡的一套百戏（杂技）人偶，但只能作摆设不能活动。明帝便问一旁的马钧：“你能把它们改造一下，让它们动起来吗？”马钧回答：“没问题，我还可尝试让这些人偶变得更加精巧。”之后，马钧做了一个大木轮，在轮上置一块木板，然后以机械连接，放入水中，再在板上安装假山。最后将改造好的百戏人偶或置于木板上，或放

于假山间。只要流水激发木轮转动，人偶就动起来。乐工击鼓吹箫，舞女翩翩起舞，杂技艺人叠罗汉、走绳索、翻筋斗，表演变化多端，惟妙惟肖。这套“水转百戏图”的精密程度和技术都达到了极高的水平。

马钧在京城洛阳任职时，一次出门，发现城里有大片土地因为缺少水源灌溉而闲置，便有了一个想法：制造一种水车，把河里的水引进田里。他从观看农民用畚箕（běn jī）戽（hù）水得到了灵感，经过反复试验和研究，模仿畚箕形状，做成许多木叶，装成连续戽水的机械，这就是翻车，也叫龙骨水车。马钧所制的翻车，轻快省力，连小孩子都踩得动，效率远超其他普通提水工具，是当时世界上最先进的提水灌溉农具。直到今天，在某些山区，马钧发明的翻车还在发挥着重要作用。

除了能改造、制作生活器械，马钧在军械制造上也有极高的天赋。诸葛连弩传入魏国，马钧见后，感叹道：“这连弩的确精巧，但还没有达到完善的地步。”于是他改造出新连弩，发射效率是原来的五倍。后来他又着手改进发石车。最终，从毛驴拉石磨的过程中得到启发，制成了一驾直立的“轮机驱动”发石车，使砖石不仅飞得远，还能实现接连抛射，成了威力无比的攻城新武器。

马钧一生在手工业、农业、军事等方面有很多发明创造，堪称一代机械大师。他的功绩和美名一直被劳动人民所传颂。

生词学习

自吹自擂（léi）：自己吹喇叭、打鼓，比喻自我吹嘘。

戽（hù）水：汲水灌田。

畚箕（běn jī）：用竹、木或薄铁皮等做的撮东西的器具。

百炼成金

知识考点

马钧字德衡，中国古代最负盛名的机械发明家之一，被赞誉“天下之名巧”。

默写练习

zì chuī zì léi

（　　　　　　　　）

běn jī hù shuǐ

农民用（　　　　　　　　）

代表性成就

龙骨水车

龙骨水车是历史上的灌溉农具，流行于我国大部分地区。约始于东汉，三国时发明家马钧加以改进，此后一直在农业上发挥着巨大作用。因形状犹如龙骨，故名“龙骨水车”。虽然现在已被电动水泵取代，但这种水车链轮传动、翻板提升的工作原理有着不朽的生命力。

祖冲之 最早将圆周率精算到小数第七位

祖冲之

429 — 500

字文远

南北朝时期杰出的数学家、天文学家；首次将圆周率精算到小数第七位，这是当时世界最精确的圆周率数值；撰写的《大明历》是当时最先进的历法

主要著作有《安边论》《缀术》《述异记》《历议》等

我国古代有一位科学家，将圆周率值计算到小数第七位，领先世界达一千年之久。他就是祖冲之。

祖冲之的祖父曾担任南朝刘宋的大匠卿，掌管土木工程。父亲祖朔之因学识渊博，常被邀请参加皇室的典礼和宴会。在祖父和父亲的影响教育下，祖冲之自幼就对数学、天文学和机械制造有非常浓厚的兴趣。此外，他对自然科学和文学、哲学也广泛涉猎。

宋孝武帝知道祖冲之有才华，就聘（pìn）请他到国家最高科研学术机构“总明观”任教。在这里，祖冲之接触了大量藏书，包括天文、历法、术算等方面的书籍，为他后来的科学研究工作提供了知识储备。

祖冲之研究学术的态度非常严谨。一方面他十分重视古人研究的成果，广泛搜集了上古时代以来的各种古籍和文献资料，对于古代科学家刘歆（xīn）、张衡、阚（kàn）泽、刘徽、刘洪等人的著述都进行了认真阅读，充分学习研究前人的学术成果；另一方面，他又不盲目推崇古人，对于书上的结论都要亲自去进行测量和验算，敢于大胆怀疑前人在科学研究方面的结论，始终坚持实事求是。

正是在这样的学术态度下，祖冲之发现过去的历法误差较大，便在长

期观测、精确计算和对历史文献深入研究的基础上，创制了著名的《大明历》。他是最早把岁差引进历法的人，大大提高了历法的精确性。这也是中国历法史上的重大进步。

462 年，祖冲之把精心编成的《大明历》进献给宋孝武帝，请求公布实行。孝武帝召集大臣商议。当时，有一个皇帝宠幸的大臣戴法兴出来反对，认为祖冲之擅自改变古历，是离经叛道的行为。祖冲之为了坚持真理，与戴法兴展开了辩论。他写了一篇有名的《驳议》，逐条驳斥了戴法兴的理论。他认为科学在不断进步，人们不能"信古而疑今"，这充分体现了一位科学家坚持真理、革旧创新的可贵精神。不过，终究由于阻力太大，《大明历》直到他死后十年（510），才以《甲子元历》之名在梁朝得以颁行。

祖冲之在数学方面也取得了极大的成就。他曾经为古代数学著作《九章算术》作注，后来又编写了一本《缀术》，被收入著名的《算经十书》中。《缀术》的理论十分深奥，计算相当精密，是当时数学理论书籍中最难的一本。在《缀术》中，祖冲之创新性地用到了三次方程的解法，这是祖冲之的一项新创举。

在任娄县县令期间，祖冲之还曾经靠数学知识断过一件“弧田案”。一天，一个人冲进了县衙大堂，向祖冲之诉说了自己的冤案。他在湖边有一块弧形的田地，每年能出一亩地的粮食，可因为田地的形状是个弧形，没有办法测量和计算，乡里的地主硬是让他按照三亩来缴纳赋税。祖冲之实地测量后，根据弦长和矢长，很快计算出这块弧形田的亩数，果然连一亩都不到。看到计算结果，地主哑口无言，乖乖按照祖冲之的命令退还了多收的赋税。

祖冲之在科学发明方面也是一个多面手。他设计制造了水碓（duì）磨——可以利用水力转动石磨，舂米碾谷子的效率大大提高；铜制机件传动的指南车——随便车子怎样转弯，车上的铜人总是指着南方；还有一天能走百里的“千里船”和“木牛流马”等水陆运输工具。

生词学习

pìn 聘请 请人担任某种职务。

xīn 歆 羡慕。

kàn 阚 姓。

duì 碓 指木石做成的捣米器具。

百炼成金

知识考点

祖冲之字文远，是南北朝时期杰出的数学家、天文学家；他首次将“圆周率”精算到小数点后第七位，这是当时世界最精确的圆周率数值。他撰写的《大明历》是当时最先进的历法。他的主要著作有《缀术》等。

默写练习

lí jīng pàn dào

（　　　　　　　）的行为

yǎ kǒu wú yán

地主（　　　　　　　）

代表性成就

《缀术》

祖冲之著有《缀术》五卷，被收入著名的《算经十书》中。《缀术》中的理论十分深奥，计算相当精密，学问很高的学者也不易理解它的内容，在当时是数学理论书籍中最难的一本。

贾思勰 最早最完善农学名著创作者

贾思勰（xié）

生卒年不详

中国古代杰出的农学家

著有综合性农书《齐民要术》，是我国现存最早和最完善的农学名著，被誉为“中国古代农业的百科全书”

作为世界上最古老的农业大国，我国有着悠久的农业历史。而在丰富的农学遗产宝库中，有一部农业科学巨著叫作《齐民要术》，这部书是我国完整保存至今最早的古农书，对后世影响深远。它的作者就是北魏时期的贾思勰。

贾思勰出生在山东一个耕读之家。家里除了种田，祖祖辈辈都非常喜欢读书，尤其热衷于钻研农业种植和改进农业生产技术方面的知识，因此家中收藏了许多这方面的书籍。年幼的贾思勰深受家族的影响，从小就博览群书，在日积月累中，汲取了大量农业生产方面的知识，这为他以后创作《齐民要术》打下了基础。

成年后，贾思勰走上了仕途，先后在河南、山东、河北等地做过地方官。不论身在何处、官位高低，他始终非常重视农业生产，业余时间经常走到田间地头，考察研究当地的农业生产技术，向当地的百姓询问生产种植经验。

公元 485 年，贾思勰到山东一个地区微服私访，当时正是春耕时节，他看到一位老农正在田间劳作，田边上的几块地却荒着。贾思勰感到不解，便上前询问原因，老农笑呵呵地回答：“我这叫养田，一块地连续耕种几年后，肥力就会下降，种出来的庄稼产量很低。因此，我把这几块地轮流耕种，这样就能保持土地的肥力了。当然，我们还可以用套种的方法，也

能起到养田的作用。”贾思勰听完，不住地点头，忍不住感叹平凡的农业生产过程中蕴含着很多技巧和道理。

就这样，贾思勰在乡间利用与农民接触的机会，一边观察思考，一边虚心求教，积累了丰富的农业知识和实践经验。他不由得想：若是我能把搜集到的这些先进的农业技术和知识，以及农民的经验编撰成一部系统完整的农学著作，向全国推广，为农业生产提供权威可靠的指导和借鉴，不就可以促进国家农业的发展了吗？

公元 533 年，贾思勰开始着手编写《齐民要术》，书名的意思就是百姓从事农业生产须掌握的重要技术和方法。为了写好这本书，他在之前的考证、调查、研究和实践的基础上，广泛采集民间歌谣和谚语，从中吸取宝贵的农业经验。为了得到更翔实的数据，贾思勰还经常亲自参加农牧业生产劳动。

有一年，贾思勰亲自养了 200 只羊，因为没有储备足够的饲料，到了冬天，羊饿死了一大半。事后他认真总结经验教训：我应该先种 20 亩大豆，让饲料充足，羊就不会饿死了！于是，他又养了一群羊，可是过了一段时间后，羊又死了很多。贾思勰纳闷："现在羊少了，饲料多了，羊为什么还是会死呢？"他听说百里之外有一位养羊的能手，便特地跑去请教这位老羊倌（guān）。老羊倌仔细询问了他养羊的情况后说："这是因为你把饲料随意扔在羊圈里，羊天天踩在上面，又在上面排泄，羊是不肯吃这种饲料的，所以才会饿死。"贾思勰这才恍然大悟，他干脆在老羊倌家里住了些日子，认真地向他学习，最终找到一套能使羊吃得饱，不挨冻，又能长膘（biāo），又产毛的方法。他把这些经验都十分具体生动地记载在《齐民要术》里。

一些人知道了贾思勰向地位低的农夫求教的事，就嘲讽地说："赫（hè）赫有名的贾思勰，怎么还向羊倌求教，岂不太失体面了吗？"贾思勰毫不在意，仍像小学生那样，拜能者为师。

经过十余年一点一滴的积累，一字一句的记录，贾思勰终于完成了《齐民要术》。该书涉及农、林、牧、渔、禽等各方面的技术，还涉及各种农副产品的加工、储存、制造，甚至还介绍了有实用价值的热带、亚热带植物的种植方法。该书不仅保留了古代的农业知识，还为后世农学的发展树立了指向标。

生词学习

勰（xié）：协和，多用于人名。

羊倌（guān）：专职放羊的人。

赫赫有名（hè）：声名非常大。赫赫：显著盛大的样子。

膘（biāo）：肥肉。

百炼成金

知识考点

贾思勰是中国古代杰出的农学家，著有综合性农书《齐民要术》，这是我国现存最早和最完善的农学名著，被誉为“中国古代农业的百科全书”。

默写练习

hè hè yǒu míng

(　　　　　　　　)

huǎng rán dà wù

(　　　　　　　　)

代表性成就

《齐民要术》

贾思勰所著的《齐民要术》大约成书于北魏末年，是一部综合性农学著作，也是世界农学史的重要专著之一，是中国现存最早的一部完整的农书。全书系统地总结了6世纪以前黄河中下游地区劳动人民农牧业的生产经验、食品的加工与贮藏、野生植物的利用，以及治荒的方法，详细介绍了季节、气候以及不同土壤与不同农作物的关系，被誉为“中国古代农业的百科全书”。

宇文恺 隋代两大城池的修建者

宇文恺

555 — 612

字安乐，鲜卑族

隋朝城市规划和建筑工程的专家

撰有《东都图记》《明堂图议》《释疑》等

西安是世界四大古都之一，是中国历史上建都朝代最多、时间最长、影响力最大的都城之一。地处洛水之阳的洛阳，在历史上也曾是十多个朝代的都城。这两座文化名城的建造都可以追溯到 1400 多年前的隋代，而主持修建这两座城池的第一功臣就是建筑大师宇文恺。

宇文家世世代代出能征善战的武将，父亲和两位兄长都是以武功立业，战功显赫。宇文恺虽然出身将门，却并没有承袭家风。他自幼就不喜弓马刀枪之类的武事，而是爱好读书，尤其喜爱建筑方面的知识。他博览群书，精熟历代典章制度和多种工艺技能，最为擅长的便是城市规划和建筑设计，因此年轻时就以博学多才而闻名。

公元 581 年，北周外戚杨坚夺取政权，建立隋朝。隋朝承袭北周以长安城为首都，但是长安城始建于汉代，已有近 800 年的历史，“凋残日久，屡为战场”，还易被水淹，存在诸多方面的问题。于是，隋文帝杨坚决定舍弃汉长安故城另造新都，因为宇文恺“有妙思”，就任命他为营新都副监，当朝宰相高颎（jiǒng）任正监，负责营造新都“大兴”。按照两人的分工，高颎主管总领大纲，其余的规划、设计、组织、施工、管理等所有具体事务皆由宇文恺负责，这一年他才 27 岁。

为了建好新都，宇文恺首先到洛阳和邺（yè）都参观，搜集资料，然后仔细勘（kān）查建城地，因地制宜，绘制出详细的设计图，之后合理地组织、分配人力、物力，采取区域施工方案，先建宫城，次建皇城，再建郭城。在不到十个月的时间里建成了一座宏伟壮丽的新都城，创建了世界建筑史上的奇迹。583 年，隋王朝迁至新都，因为隋文帝早年曾被封为大兴公，所以把新都城命名为大兴城，也就是后来的长安。长安城无疑是世界建筑史上的杰作，它融科学性、艺术性、实用性为一体，城区总面积达 84 平方千米，是明清时期北京城的 1.4 倍。无论从规模上，还是从建筑本身的意义，都是世所罕见的，堪称“世界第一城”。

公元 605 年，为了加强对全国的政治控制，隋炀帝派宇文恺在洛阳建造一座新的都城，叫东都。洛阳城的营建过程前后仅历十个月，是又一座

在短时间内经精妙规划、设计、建造而成的大型城市。宇文恺还深谙（ān）帝心，为了迎合隋炀帝穷奢极欲的心理，他把东都洛阳建得穷极壮丽。大兴城和洛阳城的建造为以后各代都城建设树立了样板，也展现了宇文恺高超的建筑技艺和卓越的设计才华。

除了宫城，在其他建筑的设计、建造上，宇文恺同样表现出非凡的建筑才华。他曾受命率领水工开凿了连接大兴城、渭水和黄河的广通渠，渠长300余里，大大方便了漕（cáo）运，又灌溉了两岸的农田，故而有“富民渠”之称。

宇文恺还设计、建造许多奇妙的建筑以及为建筑物设计一些神奇机关。当时隋炀帝去北方巡视，想对少数民族夸耀国威，命宇文恺制造大帐幕。建成后，隋炀帝在大帐内宴请启民可汗及其部落3500多人，气势之宏阔让人惊叹。

在中国建筑史上，宇文恺还有两项重大发明，对后代建筑艺术产生深远影响。一项是按比例先制成立体模型的设计方法，再一项是设计并建成了大型活动房屋。他曾制作一种大型活动建筑“观风行殿”，上面是宫殿式木结构建筑，可以拆卸和拼装，殿内可容数百人；下面设有带轮的机械，可以在地上移动，非常灵活、迅速。

生词学习

颎（jiǒng）：同“炯”，指明亮。

邺（yè）：古地名，在今河北临漳。

谙（ān）：熟悉。

勘（kān）查：实地调查。

漕（cáo）运：指通过水道运输粮食。

百炼成金

知识考点

宇文恺是隋朝城市规划和建筑工程的专家，主持设计修建了隋朝的大兴城和洛阳城。

默写练习

qióng shē jí yù

（　　　　　　　　　）的心理

shēn ān

（　　　　　）帝心

代表性成就

隋大兴城

由宇文恺具体负责兴建的大兴城，由宫城、皇城和郭城组成，前后仅历时九个多月。整个建造过程解决了一系列复杂问题，标志着当时中国所达到的经济和科学技术水平。大兴城的设计和布局思想不仅对中国后世都市建设影响很大，而且对日本、朝鲜的都市建设也有着深刻影响。

一行 精确测出子午线长度的世界第一人

一行

683 — 727

本名张遂

制造了黄道游仪、水运浑天仪等天文观测仪器，还主持修订了《大衍历》；在世界上首次精确测出子午线的长度

我国唐代有一位佛教高僧测出了本初子午线的长度，这在当时的世界上还是第一次。他还是第一位发现“恒星自行”现象的人，以及第一台时钟雏形的设计者。这位高僧就是一行。

一行俗名张遂，出身于书宦之家，自幼就受到良好的文化熏陶（xūn táo）。后来，因为政治斗争，家道败落，年幼的张遂成了贫苦阶层的一员，以至于常常需要好心的邻居接济，才能勉强维持温饱。生活的困苦激发了张遂发奋读书的热情，他坚信才学可以改变自己的命运。二十岁，张遂就已经熟读经史，还特别精于天文、历象、阴阳五行之学。

一次，张遂去拜访京都著名道人尹崇，向他借了扬雄的《太玄经》回去读，只过了几天时间，就把书还了回去。尹崇非常奇怪：“《太玄经》深奥难懂，我探求了很多年，尚且不能通晓，您为何这么快就还给我呢？”张遂说：“我已明白它的义理了。”随即，张遂拿出自己撰写的《大衍玄图》和《义决》给尹崇看。这是张遂研读《太玄经》的心得，他分别从其体系结构和主要义旨方面做了深入浅出的阐述。尹崇看过之后大惊，感慨地说：“这个后生简直是颜渊（孔子最杰出的弟子）啊！”张遂由此名声大振。

张遂不但精于学术，而且品行高洁，刚正不阿。当时，武则天的侄子武三思仰慕他的学问品行，有意拉拢他。张遂不愿同流合污，便干脆到河南嵩岳寺剃度出家，取法名“一行”。他先后在嵩山、天台山、当阳山学

习佛教经典和天文数学，还曾翻译过多种印度佛经，最终成为密宗的领袖。

后来，唐玄宗广召天下贤能，以辅社稷（shè jì），一行应召回到长安，并被任命主持修编新历。在修编新历的过程中，一行通过长期的天文观测发现了恒星移动的现象，并在历史上第一次提出了月亮比太阳离地球近的科学结论。723 年，一行与机械制造家梁令瓒（zàn）一起，共同制造了黄道游仪，这台仪器既可以用来测定每天太阳在天空中的位置，也可以用来测定月亮和星宿的位置。他们用它重新测定了 150 余颗恒星的位置，并细致研究了月球的运行。他们在世界上首次发现“恒星自行”的现象，比西方早 1000 多年。一行等人还在张衡“水运浑象”的理论基础之上，制造了水运浑天仪，用于演示日月星辰的运动。水运浑天仪上刻有二十八星宿，注水激轮，令其自转，一昼夜正好转动一周。它是世界最早的自鸣钟，比欧洲国家要早 600 多年。

724 年，一行发现要准确地修订历法，首先要做的就是确认子午线的长度，因为地球的自转和绕太阳公转，会让地球上的日影长度发生变化，而每一次变化就是一次时间的改变，所以一行开始在全国大范围地测量日影长度的变化。他设计了一种叫“复矩”的天文仪器，在全国设 13 个测量地点，最北到今天的蒙古，最南到越南，随后让人在每个地方记录当地的北极星高度以及冬至、夏至、春分、秋分这几天中午时候的日影变化，最后再将这 13 个点的数据进行汇总和计算，得出了北极高度相差一度，南北距离就相差 351 里 80 步的结论。这个数据就是地球子午线一度的弧长。唐朝测出子午线的长度，在当时的世界上还是第一次。

在经过几年的天文观测及准备工作后，一行于 725 开始编历，用两年时间完成初稿，并定名为《大衍历》。一行修订的《大衍历》，纠正了过去历法中把全年平均分为二十四节气的错误，是我国历法上的一次重大改革。根据实测结果，其精确程度超过以往所有历法。后来，《大衍历》传入日本，被沿用百年。

生词学习

熏陶（xūn táo）：指人的思想行为因长期接触某些事物而受到好的影响。

瓒（zàn）：质地不纯的玉。

社稷（shè jì）：“社”指土神，“稷”指谷神。古代君主都祭社稷，后来就用“社稷”代表国家。

百炼成金

知识考点

一行本名张遂，是唐代的科学家，制造了黄道游仪、水运浑天仪等天文观测仪器，还主持修订了《大衍历》，并在世界上首次精确测出子午线的长度。

默写练习

良好的文化（xūn táo）

做了（shēn rù qiǎn chū）的阐述

代表性成就

《大衍历》

由一行参考《九执历》而撰，唐开元十七年（729）起施行。因立法依据《易》象大衍之数而得名，是我国历法上的一次重大改革。

毕昇 活字印刷术之父

毕昇（shēng）

972 — 1051

北宋的普通劳动者，是中国古代四大发明之一活字印刷术的发明者

中国古代四大发明，分别是造纸术、指南针、火药和印刷术。自东汉蔡伦改进造纸术后，另一个对人类文明传播发挥巨大作用的就是印刷术了。而提起印刷术，大家第一个想起的就是活字印刷术的发明者毕昇。

毕昇出生于一个贫苦家庭，12 岁时就进了一家雕版印刷铺当学徒。他勤学好问，没过几年，就学会了雕版印刷的各个工序，对刻工、印工等技术都十分娴（xián）熟。

在工作中，毕昇发现雕版印刷有很大的缺点：每一页书就要雕一块木板，哪怕刻坏了一笔，为了追求印刷准确、精美，都不得不把整块木板报废重刻，十分耗时耗力。此外，印刷用的雕版还存在难于保存的问题，木质的雕版常常会因为气候潮湿或干燥等，出现变形或者开裂，导致雕版不能够再继续使用，只能重新雕刻。勤于动脑的毕昇开始琢磨如何对雕版印刷进行改良。

有一次，毕昇看到两个儿子在玩过家家游戏，他们用泥捏成了锅、碗、桌、椅、人等等，然后随心所欲地放来放去。毕昇不由得眼前一亮：汉字就那么多，把字刻成单字的印章不就可以随意排列，印什么书就排什么版，印完后还可以取下来再次使用吗？想到这里，毕昇兴奋得差点跳起来，他坚信这将成为印刷业的一个重大进步。

为了制作汉字字模，毕昇试验了许多材料。他先是用木头为原料制作活字。可是随着使用次数的增加，印出来的字迹开始变得越来越模糊。原来木料沾上水以后会胀大，字也就失真了。另外，由于木料的纹理疏密不匀，刻制过程比较困难，印刷后和铁板上的松脂等药物粘在一起，还很不容易脱落，给使用带来很多不便。

毕昇开始琢磨用一种既便于雕刻又不吸水，且不易粘住的东西来刻字模。生活里的陶器、瓷器让毕昇得到了灵感，他想到了使用胶泥来制作。毕昇先操刀在泥坯（pī）上刻出反体阳文字，像制作陶瓷那样，用火烧制。

烧出的字模非常坚硬结实，可以多次反复使用而不会变形。然后，他制作了一块铁板，在上面用松脂、蜡混合着纸灰一类的东西覆盖好，要印刷的时候在上面放一个铁框，在铁框内排好字模，把它拿到火上烘烤，当铁板上的药物稍微融化后，就用一块平板把字模压平，等药剂冷却凝固后就成了印版。在印版上涂上墨，再盖上纸，就可以印刷了。前后七八年的时间里，毕昇经过反复尝试，终于发明出了活字印刷术。

毕昇发明的活字印刷术和今天比起来，虽然比较原始，但是它已经包括了活字印刷的基本原理和程序。如今，我们在某些领域使用的凸版铅印，采用的基本原理和方法都来源于毕昇。活字印刷术为推动世界文明的发展做出了重大贡献。

生词学习

娴（xián）熟：老练、熟练或灵活，形容对某种事物或工作很熟练。

泥坯（pī）：用泥土制成的长方形土块。

昇（shēng）：同“升”。

百炼成金

知识考点

毕昇是北宋的普通劳动者，是中国古代四大发明之一活字印刷术的发明者。

默写练习

十分（xián shú　　）

纹理（shū mì bù yún　　）

代表性成就

活字印刷术

北宋毕昇发明的泥活字，标志着活字印刷术的诞生。这是一种古代印刷方法，是中国古代劳动人民经过长期实践和研究才发明的。先制成单字的阳文反文字模，然后按照稿件把单字挑选出来，排列在字盘内，涂墨印刷，印完将字模拆出，留待下次排印时再次使用。活字印刷术的发明是印刷史上一次伟大的技术革命。

沈括 中国科学史上的里程碑

沈括

1031 — 1095

字存中，号梦溪丈人

被誉为“中国整部科学史中最卓越的人物”

著作《梦溪笔谈》集前代科学成就之大成，被称为“中国科学史上的里程碑”

在宋朝，有一位全才科学家写了一本天才的书，书名叫《梦溪笔谈》，里面除了涉及天文、数学、物理、化学、生物、建筑、医药、气象等多个学科，还记载了石油、龙卷风、古生物化石这些当时人们闻所未闻的事物，堪称中国古代的百科全书。很难想象如此包罗万象的著作居然是由一个人独立完成的，这位全才科学家就是沈括。

沈括的父亲沈周是一位安分守己的读书人，平生最大爱好就是藏书，家中四书五经、诸子百家应有尽有。沈括的母亲许氏出身于苏州一个书香世家，是一位文化修养颇深的大家闺秀。父母对沈括的影响很大，从刚刚会走路的时候起，沈括就常常往书房里跑，学着父亲的样子咿咿呀呀地读书，样子滑稽（huá jī）可爱。

沈括在父母的悉心教导下，养成了勤奋好学的好习惯，对周围的世界充满了好奇，小小年纪就已经涉猎天文、地理、物理、化学、气象、生物等很多方面的知识。沈周曾辗转四川、河南、江苏、福建等地任地方官，沈括也因此有机会跟着父亲宦游各个州县。在这个过程中，沈括接触了许许多多新鲜的事物和风俗，大大增长了见识，开阔了视野，也培养了他对世间万物的浓厚兴趣。

1054 年，沈括出任海州沭（shù）阳县（今江苏沭阳县）主簿。其间，他出色主持完成了治理沭水的工程，组织几万民工，疏通上百条渠道，筑了 9 个大堰，开辟良田 7000 顷，很多原本因洪水已经逃荒在外的灾民又纷纷回到故土，沭阳的面貌也因之大变样，沈括的职位也因为治水有功得到迁升。1061 年，沈括来到哥哥担任县令的宁国县，帮助兄长兴修芜湖地区的秦家圩（wéi）工程，修筑了长 84 里的围堤，开辟出良田 1270 顷，还向朝廷上了《论圩田》书。后来他又书写《万春圩图记》，细致地总结了筑圩造田的经验。

1075 年，辽国向北宋朝廷提出要以黄嵬山为分界线，重新划定国界，想要借此侵占宋朝的领土，宋廷自然没有同意，可辽国使者不断施加压力。沈括仔细查阅了枢密院中留存的档案资料，找到了宋辽之前国界以古长城

为界的协定，并上奏朝廷。宋神宗看后，命沈括以翰林侍读学士身份出使辽国，交涉划界事宜。

沈括从汴京出发前找出许多相关书信档案，让同行的幕僚（mù liáo）和吏员们把这些资料背熟。抵达辽国正式谈判时，对方每提出一个问题，沈括就让手下吏员列举档案条文作答。辽国没有一个问题能辩得过谈判团。后来，辽方派出了上千人参与谈判，甚至还在幕后埋伏了杀手，对沈括施加种种压力和威胁，但是沈括面不改色。他拿出自己绘制的《大宋天下郡守地图》和辽人之前留下的书信档案据理力争，说得对方无言以对。在沈括的睿智言论和坚持之下，辽国说理说不过，武力威胁也没用，最后只好退让。沈括一行不辱使命地返回中原。

晚年的沈括官场受挫，便全身心地投入到学术研究中去，完成了《梦溪笔谈》的创作。在这本书里，他记载了布衣毕昇发明的泥活字印刷术，这也是世界上最早的关于活字印刷的可靠史料；还有登州人孙思恭解释虹吸龙卷风，河北“团钢”技术等。因为沈括学识素养极高，他在书中所记述的科技知识，代表了当时北宋的最高科学水平。

生词学习

滑稽（huá jī）：形容言语、动作等引人发笑。

圩（wéi）：防水护田的堤岸，也指有圩围住的地区。

沭阳（shù yáng）：地名，在江苏。

幕僚（mù liáo）：古代称将军幕府中的参谋、书记等，后泛指文武官署中佐助人员。

百炼成金

知识考点

沈括字存中，北宋时期的科学家，被誉为“中国整部科学史中最卓越的人物”；代表作《梦溪笔谈》集前代科学成就之大成，被称为“中国科学史上的里程碑”。

默写练习

bāo luó wàn xiàng

（　　　　　　　　）的著作

huá jī

样子（　　　　）可爱

miàn bù gǎi sè

沈括（　　　　　　　　）

代表性成就

《梦溪笔谈》

沈括所著的《梦溪笔谈》，是一部涉及古代中国自然科学、工艺技术及社会历史现象的综合性笔记体著作。书中总结了中国古代、特别是北宋时期的科学成就。作品具有世界性影响，被译成多种语言，英国科学史家李约瑟评价其为“中国科学史上的里程碑”。

郭守敬 编制《授时历》的科学家

郭守敬

1231 — 1316

字若思

制订出了通行 360 多年的《授时历》，成为当时世界上最先进的一种历法

著有《推步》《立成》等十四种天文历法著作

郭守敬很小的时候，父亲就去世了，他一直和祖父郭荣生活在一起。郭荣不仅通晓四书五经，而且精通数学、天文、水利等多种学科，是当地一位德高望重的饱学之士，家中常有学养高深之人光顾、探讨学问。郭守敬受到影响和熏陶，自小就对各种各样的学问充满了浓厚的求知欲，他常常倚在祖父的膝前问这问那。

十五六岁的时候，郭守敬已经成长为一个满腹经纶（jīng lún）且动手能力很强的少年。一次，他在书上看到了“浑仪”的图样和记述，在仔细研究了浑仪的构造和原理后，他萌生了一个大胆的想法：亲手把它制作出来。他把自己的想法告诉了朋友，所有人都认为这实在是太难了。可出人意料的是，郭守敬经过反复的尝试，最终居然成功地用竹篾（miè）制成了浑仪，不仅可以用来观测星空，而且外观精巧漂亮，看过的人无不赞叹。

郭守敬成年后开始用生平所学造福家乡父老。当时，邢台一带的河道系统因受战乱破坏已无法使用。郭守敬根据自己的专业知识很快就理清了河道脉络，在他的指挥督导下，河道疏浚（shū jùn）工程获得成功，蔓延的水泽各归故道，郭守敬也因此声名远扬。著名文学家元好问曾专门为此写了一篇《邢州新石桥记》，文中对郭守敬称颂有加。

1276 年，元军攻下南宋的都城临安，全国统一已成定局。忽必烈

下令修订新历，郭守敬受命进行实测。他认为，治历的根本在于测量，测量的工具首先在于仪器。可前朝府库里的很多观测仪器已经锈成一堆破铜烂铁，无法使用。于是，郭守敬考查仪器缺陷，重新制作了十二件天文台上用的仪器，随后又画出《仰规覆矩图》《异方浑盖图》《日出入永短图》，与上述仪器配套使用。这些工具的制成和使用，为精确编制历法提供了坚实的基础。

后来，忽必烈在郭守敬的建议下，设置了 14 个监候官分别到全国 27 个地区，开展了全国范围的天文测量，被后世称为“四海测验”。一年后，依据“四海测验”的成果，郭守敬与同事们一起编写完成了《授时历》，这是当时一部水平极高的天文历法。《授时历》推算出的一个回归年为365.2425日，与地球绕太阳公转一周的实际时间仅差26秒，和现代世界通用的公历完全相同。

1298年，有人建议在上都修建泄洪河道，汇入滦河增加蓄水量。元成宗让郭守敬去做现场勘测。郭守敬实地考察后结合本地历年山洪资料，对皇帝说：山洪常年暴发，渠道一定要宽到五十步至七十步（80—115米），并且加设土坝。很多大臣反对，认为一条泄洪渠没必要那么宽，完全可以缩减三分之一。第二年秋，泄洪河道顺利交付使用。元成宗拿出节省的经费，邀请众人回上都打猎。不料当夜暴雨引发山洪，洪水溢出河道四面奔涌，差点儿危及行宫。元成宗顿时懊悔（ào huǐ）道："郭太守真是个神人，可惜当初没有听从他的话！"

1303年，朝廷颁布新政策，年满七十岁可以办理退休手续，可唯独没有同意郭守敬的退休申请。由此形成了一个新例：太史院的天文官都不退休。直到1316年，郭守敬去世，享年八十六岁。

生词学习

满腹经纶（jīng lún）：比喻人很有学问、本领。

竹篾（miè）：成条的薄竹片。

疏浚（shū jùn）：清除淤塞（yū sè）或挖深河槽使水流通畅。

懊悔（ào huǐ）：因过错而自恨。

百炼成金

知识考点

郭守敬字若思，元代科学家，著有《推步》《立成》等十四种天文历法著作；制订出了通行三百六十多年的《授时历》，成为当时世界上最先进的一种历法。

默写练习

mǎn fù jīng lún

一个（　　　　　　）的少年

ào huǐ

顿时（　　　　）

代表性成就

《授时历》

由郭守敬具体负责修订的历法，由元世祖忽必烈封赐而得名。这一历法非常精确，与近代观测值所差无几，精度与公历相当，但比西方早采用了 300 多年，反映了当时我国天文历法的新水平。

蒯祥 天安门的设计者

蒯（kuǎi）祥

1399 — 1481

中国明代建筑匠师，公认的天安门的设计者

雄伟壮丽的天安门已经巍然屹立了 600 多年。它不仅是中华民族的象征，更是举世闻名的古建筑。但对于天安门的设计者，大家可能并不熟悉，他就是明代建筑宗师，曾经被永乐皇帝称赞为“蒯鲁班”的蒯祥。

蒯祥出生于苏州吴县的一个木匠世家，他的祖父和父亲都以精湛的技艺闻名乡里，父亲蒯富曾在京师担任总管建筑金陵（南京）皇宫的“木工首”，在当时的建筑工匠中颇有声望。蒯祥从小就跟着父亲学习木匠技艺。他聪明过人，肯于钻研，对于父亲教授的技艺，常常能够举一反三，在器物的制作过程中加入自己的巧思，很快就成长为当地小有名气的年轻匠人。30 岁左右就已经能主持大的营造项目。在父亲告老还乡之后，蒯祥顺利继承父业，成为“木工首”。

1417 年，明成祖朱棣（dì）迁都北京，蒯祥作为明成祖的随从人员，先期北上，参加皇宫的建筑设计。紫禁城宫殿正门的承天门（即天安门）是蒯祥入行以来负责设计和组织施工建设的一项重要工程。他根据皇帝的要求，绘制完成了承天门主体结构的设计图纸和施工方案，在那个没有任何辅助制图软件的年代，绘制规模宏大的建筑的图纸是一项极其精细和复杂的任务，常常需要面对很多挑战和压力。蒯祥依靠自己多年工匠生涯的积累，克服了一个又一个困难，如期完成了施工前的各项筹备工作。

在蒯祥组织建造承天门的过程中，曾经发生过这样一个小插曲。缅甸国进贡来一块珍贵巨木，皇帝下令用它来做大殿的门槛（kǎn）。结果木

匠不留神，多锯了一尺多，这在当时可是掉脑袋的失误。木匠吓得不知所措，赶紧去找蒯祥。蒯祥在一番冥思苦想之后，想到了一个好办法。他把巨木的另一头也截短一段，并在两端雕琢两只精美的龙头，在两边各镶嵌一颗大珠，再在门槛两边各做一个槽子，用榫卯(sǔn mǎo)结构连接在一起，让门槛可以装卸，这样就形成了一个活门槛。轿子车马也可直进直出，非常方便。经他这么一改，不但犯了错误的木匠保住了性命，皇帝看后更是大加赞赏，称其又精致、又实用。蒯祥从此名声大噪，后世的木匠在建造时纷纷效仿，把这种活门槛称作“金刚腿”。

在蒯祥的领导下，1421 年，承天门竣工，这就是最早的天安门。施工完毕的承天门竟然跟蒯祥的图纸丝毫不差，文武百官看后交口称赞。朱棣不由得龙颜大悦，称赞蒯祥为“蒯鲁班”。

1457 年 7 月，承天门不幸遭雷击焚毁。蒯祥以 58 岁高龄再次出山，承担了重建承天门的重任。他把南方的御窑金砖、苏式绘画技艺都运用到了城楼的建设中。重建后的承天门，规模比原来更雄伟高大，扩建成为巨大的宫殿式建筑，气势雄伟、布局严整，奠定了现代天安门的规模和样式。明朝末年，承天门又被烧毁。直到 1651 年重建，并改称“天安门”。到新中国成立至今，天安门又经过多次重建和整修，但都是在这个基础上进行，并没做大的改动。

尽管蒯祥的官职越来越大，但是他为人始终谦逊俭朴，几十年来出门从不坐轿子，一直保持着劳动者的淳朴。他对官场也毫不留恋，到退休年纪便主动辞去官职。但是每当皇城的建筑重建或修缮遇到困难向他请教时，他仍然像在职时一样热心地指导，甚至不顾劳乏亲临现场进行督导，体现了劳动人民的本色。

生词学习

kuǎi
蒯 姓氏。

dì
棣 棠棣是一种植物，古代用棠棣的花和萼比喻兄弟友爱。

kǎn
门槛 门的下框；也比喻一件事情的难点。

sǔn mǎo
榫卯 中国传统建筑的主要结构方式，在两个构件上不使用钉子，而是采用凹凸部位相结合的一种连接方式。凸出部分叫榫，也叫榫头；凹进部分叫卯，也叫榫眼、榫槽。

mǎo

百炼成金

知识考点

蒯祥是中国明代建筑匠师，公认的天安门城楼的设计者。

默写练习

bù zhī suǒ cuò

吓得（　　　　　　　　）

sǔn mǎo

用（　　　　　）结构连接

míng shēng dà zào

从此（　　　　　　　　）

代表性成就

天安门

即承天门，由蒯祥奉命设计建造，是一座黄瓦飞檐、三层楼式的五座木牌坊，因建造时完全模仿南京的承天门，故命名承天门。牌坊正中高悬“承天之门”匾额。后遭雷击起火被焚毁，蒯祥又设计并领衔重建。重建后的承天门有所扩大，形制上由原来的牌坊式改成宫殿式，由此奠定了天安门的形制。

李时珍 《本草纲目》编撰者

李时珍

1518 — 1593
字东璧，晚年自号濒湖山人
明代著名医药学家，被后世尊为“药圣”
著有《本草纲目》

在明朝，把医生这个职业做到巅峰的，就是我们耳熟能详的李时珍。他编著的《本草纲目》是16世纪之前中国最系统、最完整、最科学的一部医药学著作。然而大家可能并不知道，这位医药学家曾经差一点儿就被他的父亲逼着走上了科举做官的道路。

李时珍的父亲李言闻是当地名医。李时珍从小在旁边看父亲给人治病、开方，有时还跟着上山采药。耳濡目染，李时珍对医道和医药产生了浓厚的兴趣，很小的时候，就能够把《尔雅》中《释鸟》《释兽》这样大段难懂的文章背诵如流。但是在当时社会，医生的社会地位十分低下，李言闻对所受歧视刻骨铭心，自然不愿让小儿子仍然做医生，他一直期望李时珍能参加科举考试，步入仕途。于是，李时珍被父亲早早送进私塾，读起了四书五经，练习作八股文。为了不辜负父亲的厚望，李时珍压下了内心深处对医术的兴趣，把心思暂放在枯燥乏味的八股文章上，在无数个夜晚挑灯苦读。

1532年，14岁的李时珍通过县、府试，一举考中秀才。父亲李言闻为此喜不自胜。然而幸运的眷顾到此为止，17岁之后，李时珍三次应考举人，都名落孙山。冷酷的现实终于让李言闻明白了一个道理：强扭的瓜不甜，不能把自己的意志强加给儿子。父亲想通了，李时珍终于如愿走上了医学道路。

由于李时珍酷爱医学，勤奋好学又勇于实践，他在医学上的天赋很快便展露出来。他一边跟着父兄行医看病，一边沉浸在浩如烟海的医书宝库中，熟读了《内经》《本草经》《伤寒论》《金匮要略》等古典医籍，单是笔记就装了满满几柜子，这种学习为他后来编写《本草纲目》积累了许多珍贵资料。

1551 年，李时珍 33 岁时，迎来了人生的巨大转折。富顺王朱厚焜（kūn）的儿子病重，抽风不止。王府医生束手无策。一筹莫展之时，请来了李时珍。李时珍诊断之后，开了个方子，病人喝下药后，很快就好了。一时间，李时珍医名大显，并得人推荐，进入太医院，得到了“太医院判”的职务。太医院是明王朝的中央医疗机构，院中拥有大量外界罕见的珍贵医书资料和药物标本。在此期间，李时珍有机会饱览了皇家珍藏的丰富典籍，摘录了不少医学资料，并看到了许多平时难以见到的药物标本，大大开阔了眼界。

不过，在太医院，李时珍并没有受到应得的重视，还经常遭到一些庸才的排挤。未及一年，当许多人都在为进入太医院而挤破头的时候，他毅然告病还乡，将自己的时间和精力投到更有意义的事上。

入太医院之前，李时珍就发现现存的本草学有很多缺点、错误，要么是将几种药物混为一种，不予区分；要么就是对药物的疗效记载不准确；更有的干脆图文背离。医药界以此为凭，以讹（é）传讹，轻者会耽误治病，重者要害人性命。因此，他萌生了整理一本严谨的草药图书的想法。可惜，这个想法在太医院并没有得到肯定。回到家乡后，李时珍先将在太医院所学的药材知识悉心整理，归结成册。随后，为了弄清药物的形状、性味、功效等，他毅然背起药篓，带着儿子和徒弟出发了。从 1552 年开始编写《本草纲目》到初稿完成，李时珍进行了长达 27 年的游历。在这 27 年间，他走遍了中国的名山大川，认真细致地研究了上万种植物与药物，亲口试尝了数千种药物，参阅各种书籍 800 多种。

《本草纲目》出版以后，流传到了全世界，被公认为“东方医学的巨典”。达尔文称它是“古代中国百科全书”。此外，李时珍对脉学及奇经八脉也有研究，著述有《奇经八脉考》《濒（bīn）湖脉学》等多种，李时珍由此被后世尊为“药圣”。

生词学习

焜（kūn）明亮。

一筹莫展（chóu）一点办法也想不出来。筹：计策，办法。

濒（bīn）靠近水边；临近。

以讹传讹（é）把不正确的信息继续传下去，越传越错。

百炼成金

知识考点

李时珍字东璧，晚年自号濒湖山人。明代著名医药学家，被后世尊为“药圣”。著有《本草纲目》。

默写练习

kè gǔ míng xīn

(　　　　　　　)

yī chóu mò zhǎn

(　　　　　　　)

yǐ é chuán é

(　　　　　　　)

代表性成就

《本草纲目》

李时珍历时多年撰成的巨著，以《证类本草》为蓝本，采用“目随纲举”的编写体例。著作收录药物 1892 种，辑录古代药学家和民间单方 11096 则，附药物形态图 1100 余幅；吸收了历代本草著作的精华，尽可能纠正了以前的错误，补充了不足，并有很多重要发现和突破。《本草纲目》是到 16 世纪为止中国最系统、最完整、最科学的一部医药学著作。

宋应星 《天工开物》创作者

宋应星

1587 — 约 1666

字长庚

明朝著名科学家

著有《天工开物》，被誉为“中国 17 世纪的工艺百科全书”

提起明朝科学家宋应星，有的人说他是“东方的狄德罗”。可实际上，狄德罗出生的时候，宋应星所著的《天工开物》已经被翻译成不同语言，在世界各国流传。《天工开物》是世界上第一部关于工农业生产的科技著作，被誉为“中国 17 世纪的工艺百科全书”。书中记述的诸如纺织、化工、种植、冶炼、机械等很多方面的技术，较西方提前了数个世纪。

除此之外，宋应星还在《天工开物》中阐述了“和谐共生”的自然观以及“贵五谷而轻金玉”的农本思想，字里行间流露出的“实学意识”“民生意识”，在皇权至上的封建专制制度下，显得可敬、可贵。

宋家是破落的官宦之家，一方面，祖上有重视读书的传统，这让宋应星较普通农家孩子更早地接受了良好的教育。另一方面，清贫的家境让宋应星有更多的机会走近田间和作坊，真切体会到底层百姓真实生活的艰难。常言说“穷人的孩子早当家”，宋应星从很小的时候起，读书之余，就常常帮母亲做事，小到扫地擦桌，大到耕田纺线，凡是力所能及的，他都会主动去做。有一次，他看到母亲用细藤条编织的篮子精巧可爱，就跟着母亲学起来，并很快就掌握了编织的要领，家人都夸他和母亲一样心灵手巧。

从 29 岁到 45 岁，宋应星整整耗费了 16 个寒暑，先后 6 次进京赶考，可每一次都铩（shā）羽而归。接连的失利，让宋应星决定放弃“仕进之路”，转而立志要走出一条更有意义的经世致用之道。

1635 年，宋应星做了江西省分宜县的教谕，尽管收入微薄，但是空闲时间较多，他开始着手整理之前近二十年间积累的各种文献、资料，投入到科学技术和社会生产的研究之中。多年的读书和游历经历，让宋应星养成了敢于挑战权威的个性和独立思考的习惯，他对于四书五经、程朱理学从不盲目崇拜，对于那些四体不勤、五谷不分的读书人更是不屑与之为伍。他曾经说："有些读书人，每天吃着香喷喷的白米饭，却把辛苦种稻的农夫看成低贱的人；每天高谈阔论春秋的宝鼎和战国的铜壶，却连最简单的铸造铁锅的模具都没有见过。"这些观点很有前瞻性。

为了近距离接触科学，宋应星曾经无数次走进田间，在碧浪金波中倾听小麦抽穗，凝视水稻扬花；他也曾查访过绵延数里的陶瓷窑口，看到过白烟蔽日、红光映天。在遵化的铁厂，他见过容量千斤的大铁炉；他也在岭南的制糖作坊里，品尝过甘蔗被初榨后的甜蜜。在担任教谕的四年间，宋应星除了给学生们上课，业余时间几乎全部用在了科学技术研究和写作上。

1637 年，已经 51 岁的宋应星凭借着才智和意志，终于完成了科学巨著《天工开物》。全书详细描绘了 130 多项生产技术，内容涉及种植、纺织、印染、制糖、陶瓷、建造、铸锻（zhù duàn）、冶炼等社会生产的方方面面，是一部百科全书式的巨作。《天工开物》问世之后，先后传到日本和欧洲多国，对后世产生了深远的影响，日本甚至还因此兴起了“开物之学”。

生词学习

铩（shā）羽而归：铩羽：羽毛摧落，比喻失败或不得志。指失败或不得志而归。

铸锻（zhù duàn）：铸造锤炼。

百炼成金

知识考点

宋应星字长庚，明朝著名科学家，著有《天工开物》，被誉为“中国 17 世纪的工艺百科全书”。

默写练习

xīn líng shǒu qiǎo

(　　　　　　　　)

shā yǔ ér guī

(　　　　　　　　)

代表性成就

《天工开物》

宋应星所著的《天工开物》，是世界上第一部关于农业和手工艺生产的综合性著作，是中国古代一部综合性的科学技术著作，外国学者称它为“中国 17 世纪的工艺百科全书”。

王贞仪 中国女科学家代表人物

王贞仪

1768 — 1797

字德卿

清代著名女科学家

著有《西洋筹算增删》《重订策算证讹》《象数窥余》《德风亭集》等

在中国古代封建制度对女性的压迫下，女性科学家寥寥无几。所幸有这样一位中国古代女科学家，为整个中国挽回了颜面。2004 年，国际天文学联合会将金星上的一个陨石坑以她的名字命名；世界权威学术期刊《自然》更是将她列入“为科学发展奠定基础的女性科学家之一”。她，就是王贞仪，一个诗书骑射样样精通，天文地理无所不能的奇女子。

王贞仪的父亲是医生，祖父曾是朝廷官员。按照常理，长在这样的大家庭里的女孩，学女红，读《女则》，再找个门当户对的男人嫁了，基本就是一生的命运。但对于年幼的王贞仪来说，她可不想就这么碌（lù）碌无为地度过一生。

王贞仪 11 岁时，祖父去世。古代人讲究落叶归根，为了给祖父奔丧，祖母带着小小的王贞仪回到了祖父的家乡吉林，在这里待了五年。祖父的藏书特别多，足足装了七十五个书柜。这些书让王贞仪大开眼界，立刻废寝忘食地读了起来。不仅读书，得知一位将军的夫人擅长骑射，王贞仪立刻央求她教自己学习骑马射箭，最终练就了跨马如飞、百步穿杨的本领。之后，年轻的王贞仪跟着父亲四处行医，走遍了中华大地的名山大川、名胜古迹。王贞仪边走边写，留下了一大批优秀的诗作，袁枚称赞她的诗“有奇杰之气，不类女流”。

腹有诗书气自华，此时的王贞仪自信满满，对于封建时代所谓的“女子无才便是德”，她给予轻蔑（miè）一笑，毫不客气地表示：自己不比任何一个男子差。当时，著名数学家梅文鼎的历算得到了广泛传播，连皇帝都亲自对他进行了表彰。为了证明自己不比男子差，王贞仪投入从没女子涉足的历算研究中。她先学习梅文鼎的著作，过程中，她发现梅文鼎写得太艰涩了，一般人很难读懂。于是她决心把梅文鼎晦涩（huì sè）难懂的内容通俗化，让更多的人可以学习乘除法和勾股定理。动笔的过程中，她发现梅文鼎吸收了很多西洋筹算的知识，于是她转头写了三卷书介绍西洋筹算，将西方的数学运算方法引入中国的数学体系。这一下子就是五本历算成果，《西洋筹算增删》《重订策算证讹》《象数窥余》《术算简存》《筹

算易知》。

学好了数学，打好了基础，又读遍了张衡、祖冲之、郭守敬等历代科学家的著作，王贞仪开始进入天文学领域。而那些虚伪的封建卫道士们，以女人不能研究天文为由，不仅不让王贞仪使用他们的仪器，还给她制造种种障碍。王贞仪并没有退缩，她把自己关在屋子里，亲手制作必备的仪器，偷偷做实验。根据实验结果，她写下了《月食解》，精确地讲解了月食发生的原因、月食的时间、月望、食分深浅等知识。在天文学领域牛刀小试之后，她在阅读文献中接触了哥白尼的“日心说”，经过自己的验证和试验，她认识到“日心说”是对的，并以六条无法辩驳的理由说明古人相信的“天圆地方”是错误的，并由此创作了《地圆论》《地球比九重天论》《岁差日至辩疑》《黄赤二道解》等几部天文学著作。

25 岁那年，王贞仪遇到了知己詹枚，两人成亲。在詹枚的支持和保护下，王贞仪躲过了封建社会的束缚，自己的研究也日新月异，又写下了众多科学作品。但好景不长，常年废寝忘食的高强度研究工作，让王贞仪遭遇了严重的病痛。29 岁时，王贞仪不幸离世。在临终前，她依然在奋笔疾书，编著《德风亭集》。

生词学习

轻蔑（miè）：轻视；不放在眼里。

晦涩（huì sè）：含意隐晦，不易懂。

碌碌（lù）无为：平平庸庸，无所作为。

百炼成金

知识考点

王贞仪字德卿，清代著名女科学家。著有《西洋筹算增删》《重订策算证讹》《象数窥余》《德风亭集》等。

默写练习

lù lù wú wéi

(　　　　　　　　　　)

huì sè

(　　　　　　) 难懂

niú dāo xiǎo shì

(　　　　　　　　　　)

代表性成就

《德风亭集》

王贞仪现存的重要作品，其中有多篇涉及数学、天文学，贯穿中西，论述周详严谨，洋洋洒洒。另有大量诗文作品，可见其思想情感。

本册人物

人物	时间	成就
扁鹊	春秋战国	名医；古代第一位进入正史的医生，人称“医祖”
鲁班	春秋	人称公输盘、公输般、班输等，惯称“鲁班”；被尊为中国木匠鼻祖
李冰	战国	著名的水利工程专家，主持修建都江堰水利工程，被后人尊为“川主”
蔡伦	东汉	改进造纸术，成为中国古代四大发明之一；被纸工奉为造纸鼻祖、纸神
张衡	东汉	浑天说的代表人物之一，发明浑天仪、地动仪，被后人誉为“木圣”；著有《灵宪》《浑仪图注》《算罔论》《二京赋》《归田赋》等
华佗	东汉	著名医学家，被后人称为“外科圣手”“外科鼻祖”；与董奉、张仲景并称为“建安三神医”
马钧	汉末三国	中国古代最负盛名的机械发明家之一，被赞誉为“天下之名巧”
祖冲之	南北朝	杰出的数学家、天文学家；首次将圆周率精算到小数第七位；撰写《大明历》，是当时最科学最进步的历法；著有《安边论》《缀术》《述异记》等
贾思勰	南北朝	中国古代杰出的农学家，著有综合性农书《齐民要术》，是我国现存最早和最完善的农学名著，被誉为“中国古代农业的百科全书”
宇文恺	隋朝	城市规划和建筑工程的专家，撰有《东都图记》《明堂图议》《释疑》等
一行	唐代	科学家，制造黄道游仪、水运浑天仪等天文观测仪器，主持修订《大衍历》；在世界上首次精确测出子午线的长度
毕昇	北宋	普通劳动者，发明活字印刷术，是中国古代四大发明之一
沈括	北宋	被誉为“中国整部科学史中最卓越的人物”；著作《梦溪笔谈》集前代科学成就之大成，被称为“中国科学史上的里程碑”
郭守敬	元代	科学家，制订《授时历》，成为当时世界上最先进的一种历法；著有《推步》《立成》等十四种天文历法著作
蒯祥	明代	建筑匠师，公认的天安门的设计者
李时珍	明代	著名医药学家，被后世尊为“药圣”；著有《本草纲目》
宋应星	明代	著名科学家，著有《天工开物》，被誉为“中国 17 世纪的工艺百科全书”
王贞仪	清代	著名女科学家，著有《西洋筹算增删》《重订策算证讹》《象数窥余》等

图书在版编目（CIP）数据

陪孩子玩转中国史．3, 传世科学家 / 文海 编著．—北京：东方出版社，2022.9

ISBN 978-7-5207-2955-0

Ⅰ．①陪… Ⅱ．①文… Ⅲ．①中国历史－少儿读物 ②科学家－生平事迹－中国－古代－少儿读物 Ⅳ．① K209

中国版本图书馆 CIP 数据核字 (2022) 第 153850 号

陪孩子玩转中国史．3，传世科学家
(PEI HAIZI WANZHUAN ZHONGGUOSHI．3，CHUANSHI KEXUEJIA)

编　　著：文　海
责任编辑：辛春来
策　　划：闫　冬
封面设计：胡振宇
美术设计：壹点插画工作室
插画绘制：王梦婕　贾迎欣　刘　冲
艺术指导：李朋威　李春华
出　　版：东方出版社
发　　行：人民东方出版传媒有限公司
地　　址：北京市东城区朝阳门内大街 166 号
邮　　编：100010
印　　刷：三河市嘉科万达彩色印刷有限公司
版　　次：2022 年 9 月第 1 版
印　　次：2022 年 9 月第 1 次印刷
印　　张：20（全四册）
开　　本：700 毫米 ×1000 毫米　1/16
字　　数：256 千字（全四册）
书　　号：ISBN 978-7-5207-2955-0
定　　价：100.00 元（全四册）
发行电话：(010) 85924663　85924644　85924641

传世艺术家

文海 编著

人民东方出版传媒
People's Oriental Publishing & Media
東方出版社
The Oriental Press

图说历史
师旷
约前 572—前 532
春秋末年著名音乐家，有“乐圣”之称；相传是古曲《阳春》《白雪》的创作者
王羲之
303—361，一说 321—379
东晋著名书法家，有“书圣”之称；代表作《兰亭集序》被誉为“天下第一行书
王献之
344—386
“书圣”王羲之第七子；与父亲并称“二王”，有“小圣”之称；代表作《中秋帖》
顾恺之
约345—409
中国画祖；人称“三绝”：才绝、画绝和痴绝；代表作《女史箴图》《洛神赋图》
欧阳询
557—641
唐朝著名书法家，与虞世南、褚遂良、薛稷并称“初唐四大家”；代表作有《九成宫醴泉铭》等
吴道子
约 680—759
唐代著名画家，被后人尊称为“画圣”；代表作《送子天王图》
颜真卿
709—784
唐朝名臣、书法家；创“颜体”楷书；代表作《祭侄文稿》
怀素
737—799，一说 725—785
史称“草圣”；代表作《自叙帖》
柳公权
778—865
唐朝中期著名书法家；自创“柳体”，后世有“颜筋柳骨”的美誉；代表作《玄秘塔碑》

艺术的故事
贯休
832—912
唐末五代时期诗、书、画三栖的僧人；代表作为《十六罗汉图》
米芾
1051—1107
北宋书法家、画家、书画理论家；书法“宋四家”之一；代表作《蜀素帖》
张择端
生卒年不详
北宋画家，代表作《清明上河图》
赵孟頫
1254—1322
宋末元初书法家、画家、诗人；书法被称为“赵体”，“楷书四大家”之一
文徵明
1470—1559
明代画家、书法家、文学家，代表作《中庭步月图》
郑板桥
1693—1766
清代著名书画家、文学家，“扬州八怪”重要代表人物；代表作《墨竹图》
石涛
约1642—约1707
明末清初著名画家，代表作《兰竹当风》
朱耷
1626—约1705
号八大山人；中国画一代宗师；代表作《荷石水鸟图》
徐渭
1521—1593
与解缙、杨慎并称“明代三才子”；中国“泼墨大写意画派”创始人，“青藤画派”鼻祖；代表作《墨葡萄图》

今天有一句名言："越是民族的，就越是世界的。"这句话用在中国传统艺术上，尤其恰当。中国传统艺术，其发展、特征、创作理念、表现技法，与西方艺术相比较，完全自成一体，独一无二，且达到了极高的艺术水准。

在古代，形容一个人多才多艺，文化修养突出，常见的说法是"琴棋书画，样样精通"。其中"琴"指音乐，"书"是书法，"画"即绘画。本书所论艺术，主要包括书法和绘画，兼及音乐。

书法是在中国方块字的基础上形成的独特艺术形式。我们的祖先在书写文字之始，就开始追求书法之美，并逐渐形成独特的美学。第一个达到书法美学巅峰的艺术家是王羲之，他和儿子王献之一起合称"二王"，成为后世书法家学习的楷模。隋唐之后，书法艺术进一步发展，书体更加多样化，"颜筋柳骨""欧体"是其中代表，同时出现了不少草书名家。之后不同时期，都涌现出了一批各具特色的书法名家。

绘画的发展丝毫不弱于书法，同样名家辈出，题材多样，流派众多，技法和理论都在不断丰富。顾恺之、吴道子、张择端、赵孟頫、八大山人……一个个都是响当当的名字。

限于篇幅，本书关于音乐部分较少，除师旷之外，万宝常、李龟年都是中国古代音乐史上值得牢记的名字。

目录

乐圣师旷　刚正不阿的“盲臣”　002

书圣王羲之　创作天下第一行书　006

小圣王献之　成就不输其父　010

画祖顾恺之　才绝、画绝和痴绝　014

欧阳询　貌丑才高的大书法家　018

画圣吴道子　从孤儿到御用画家　022

楷圣颜真卿　捐躯赴国难的大唐之魂　026

草圣怀素　李白口中的“少年上人”　030

柳公权　心正则笔正　034

贯休　罗汉画像的独创者　038

米芾　练字如狂，以假乱真　042

张择端　“以画谏君”　046

赵孟頫　不拘一格的“书法全才”　050

文徵明　大器晚成，独自闪耀　054

徐渭　书林中的侠客，泼墨画里的大师　058

朱耷　以眼白示人的八大山人　062

石涛　偏爱苦瓜的大艺术家　066

郑板桥　既难得糊涂又明码标价　070

乐圣师旷 刚正不阿的“盲臣”

师旷

约前 572 — 前 532
字子野，又称晋野
春秋末年著名音乐家，有“乐圣”之称
相传是古曲《阳春》《白雪》的创作者

在我国古代，“乐”是“礼”的重要组成部分，时人常把音乐提升到“修身、齐家、治国、平天下”的高度，因而在春秋战国时期，大批音乐人服务于宫廷。

师旷在晋悼公初年进入宫廷担任主乐太师。他常称自己是“盲臣”，显然他并不避讳自己是个盲人。关于师旷的“目盲”，有一种说法是他天生眼睛失明，另一种说法是他的眼睛本来是看得见的，但因为专心练琴而失明。

师旷是一位杰出的古琴演奏家。古琴也叫玉琴或瑶琴，琴音悠远、深沉。传说师旷的演奏能够通神，常常让听众忘掉一切世间尘杂，全身心沉浸在他的琴声之中，即便是像白鹊、玉羊等动物，也因听得入迷，以至于嘴巴里叼的食物掉到地上都浑然不觉。

《史记·乐书》里记载，一次，师旷为晋平公演奏“清徵（zhǐ）”，明快的乐曲吸引来了十六只仙鹤，它们整齐、安静地聚集在门廊边，伸长脖子听得如痴如醉，久久不肯离去。更为惊奇的是，当音乐进入高潮部分，这些“音乐发烧鸟”竟然随着琴声一边鸣叫一边跳舞，惊得在场的人目瞪口呆，晋平公也情不自禁地鼓掌，视之为祥瑞。

身为宫廷乐师，师旷大部分时间都在宫廷内，常年陪伴在国君左右。师旷为人刚直不阿，他常常会对晋平公提出一些“刺耳”而又中肯的意见和建议。

有一次，晋平公当着众位大臣的面，志得意满地说：“做国君的滋味真是太棒了，说一不二，没有人敢违背我！”话音刚落，一个不明飞行物“嗖”地朝晋平公飞来，吓得晋平公赶紧躲闪。只听见“咣当”一声，不明飞行物撞在晋平公身后的墙上，掉在了地上。众人定睛一看，差点儿砸到国君的东西竟然是一柄古琴，而扔琴的正是师旷。

晋平公声色俱厉地质问：“你、你、你拿琴砸谁呢？”

师旷平静地说道：“砸小人！因为刚才那句话根本就不是一个胸怀天下的国君应该说的！”晋平公一听，顿觉言语失当，没有追究师旷的“犯君”之罪。

还有一次，晋平公看着师旷，意味深长地说：“太师眼盲，一定饱受昏暗之苦吧！看不到这花花世界，实在令人惋惜！”

师旷反问：“您可知道世界上有五种昏暗比眼盲更可怕？”

晋平公疑惑不解，不知道还有什么比眼睛看不见东西更让人觉得昏暗的了。师旷说：“这五种昏暗分别是：君王不知臣子行贿、君王用人不当、君王不辨贤愚、君王穷兵黩（dú）武、君王不注重百姓疾苦！”

句句不离君王，句句一针见血，说得晋平公脸上火热，但他并不生气，因为他知道这是师旷借机在提醒自己。

晋平公晚年时，有一次对师旷感叹：“我已经七十岁了，想要学习怕是已经太晚了。”师旷回答：“晚了不怕，您可以点上蜡烛啊！”晋平公有点不高兴地说：“哪有臣子和君主这么开玩笑呢？”

师旷严肃地说：“我曾听说，少年时喜欢学习，就像初升的太阳；中年时喜欢学习，就像正午的太阳；晚年时喜欢学习，就像点蜡烛一样明亮。尽管只有一点点光亮，也要比完全在黑暗中摸索强得多。”

晋平公恍然大悟：“讲得好啊！对于学习来说，什么时候都不算晚啊。”

师旷作为一个个性鲜明的乐师，始终心怀天下，言行蕴含哲理，他的音乐思想、政治主张、劝学思想，都值得后世传承和弘扬。

生词学习

徵（zhǐ）　古代五音之一。相当于简谱“5”。又读zhēng，同“征”。

穷兵黩（dú）武　用尽全部兵力，任意发动战争。形容十分好战。黩：随便，任意。

百炼成金

知识考点

师旷字子野，又称晋野，是春秋末年的著名音乐家，有“乐圣”之称；相传是古曲《阳春》《白雪》的创作者。

默写练习

mù dèng kǒu dāi

在场的人（　　　　　　　　）

qíng bù zì jīn

晋平公也（　　　　　　　　）地鼓掌

zhì dé yì mǎn

晋平公（　　　　　　　　）

qióng bīng dú wǔ

君王（　　　　　　　　）

作品赏析

相传由师旷创作的《阳春》《白雪》是中国的古典名曲，表现了冬去春来、大地复苏、万物欣欣向荣的初春美景。节奏轻松明快，旋律清新流畅。成语“阳春白雪”即源于此，指高雅的歌曲，也比喻高深的、不通俗的文学艺术。

书圣王羲之 创作天下第一行书

王羲之

303 — 361，一说 321 — 379

字逸少

东晋著名书法家，有“书圣”之称

代表作《兰亭集序》被誉为“天下第一行书”

公元 310 年，对大书法家王羲之而言，是非常重要的一年。这一年，王羲之刚满七岁。和其他“上树捉鸟、下河摸虾、满世界随风奔跑”的同龄孩子不同，年幼的王羲之对书法产生了浓厚的兴趣，他常常全神贯注地看父亲临帖写字。在他看来，那些写在纸上的浓黑的方块字，又活泼又好看。

一天，他趁父亲外出，偷偷把字帖翻了出来，模仿父亲的样子，端端正正地坐在书案前，伸长了小手磨墨、蘸（zhàn）笔、写字。颤颤巍巍、小心翼翼地在纸上写字，这让他既激动又兴奋。

很快，父亲就发现了王羲之在书法方面的爱好和天分，于是他利用家族的影响，让王羲之拜书法家卫夫人为师。从此，王羲之就再也没有离开过笔墨。十三岁的时候，王羲之学有所成，成为享誉全国的书法家，可他一点也不骄傲，仍然继续投名师、访高友，书法造诣（yì）日益精进。

公元 353 年农历三月初三，对于中国的书法史而言，是非凡的一天。这一天，已届（jiè）天命之年的王羲之，面对大自然的鬼斧神工，面对志趣相投的众多好友，于酒酣耳热之际，意气风发之时，即兴挥毫写下了冠绝古今的“天下第一行书” —— 被无数世人追捧膜拜的《兰亭集序》。寥寥 324 字，让王羲之“千古书圣”的称誉不可动摇。

关于王羲之的字有多么神奇，有一个“入木三分”的成语故事：传说皇帝要到北郊去祭祀，让王羲之把祝词写在一块木板上，再派工人雕刻。工人把木板削了一层又一层，发现王羲之的书法墨迹一直印到木板里面去了，削进三分深度才见底。时人惊叹王羲之的笔力雄劲，书法技艺炉火纯青，笔锋力度竟能入木三分。

东晋王朝在公元 318 年建立后，王氏家族一直掌握着朝中的军政大权。王羲之凭借自己的才学和出身，自然而然地走上了仕途，先后担任过秘书郎、宁远将军、江州刺史，后来还做了会稽（kuài jī）内史，领右将军。单从官阶职级来看，王羲之的官做得不算小。

难能可贵的是，王羲之虽然久处官场，却始终没有浸染官场坏风气。他个性直率，一心为国，为民伸正义、争公道。在任期间，他组织开仓赈（zhèn）灾、整治贪官、减免赋税等，赢得了民心，却得罪了一些身居高位的小人。这些小人处处排挤和陷害王羲之。公元 355 年，五十三岁

的王羲之告病弃官，自此远离了官场是非之地。

辞官后的王羲之非常注重养生。事实上，东晋时期，上流社会的人都非常注重养生。现如今保温杯泡枸杞之类的养生法与东晋时期比起来，简直是小巫见大巫。当时很多人为了养生，都在服用一种叫“五石散”的药物，其实就是几种矿石的混合粉末，其中还包括硫黄等带有毒性的物质。王羲之因为服用“五石散”，给身体带来了不小的损害。公元 361 年，一代书圣走完了 59 年的人生历程。

生词学习

zhàn
蘸 用物沾染液体。

yì
造诣 学问、技艺等所达到的水平。

jiè
届 到（时候）。

zhèn
赈灾 赈济灾民。

百炼成金

知识考点

王羲之字逸少，东晋时期著名的书法家，有“书圣”之称。代表作《兰亭集序》被誉为“天下第一行书”。与之相关的成语故事有入木三分。

默写练习

chàn chàn wēi wēi　　　　xiǎo xīn yì yì

（　　　　　　　）、（　　　　　　　）地写字

guǐ fǔ shén gōng

大自然的（　　　　　　　）

lú huǒ chún qīng

书法技艺（　　　　　　　）

作品赏析

《兰亭集序》虞世南摹本

王羲之《兰亭集序》已失传多年，唐代大书法家虞世南所临摹的版本，用笔浑厚，圆融冲和，点画遒丽，被认为是最能体现兰亭意韵的摹本。因卷中有元天历内府藏印，亦称“天历本”。

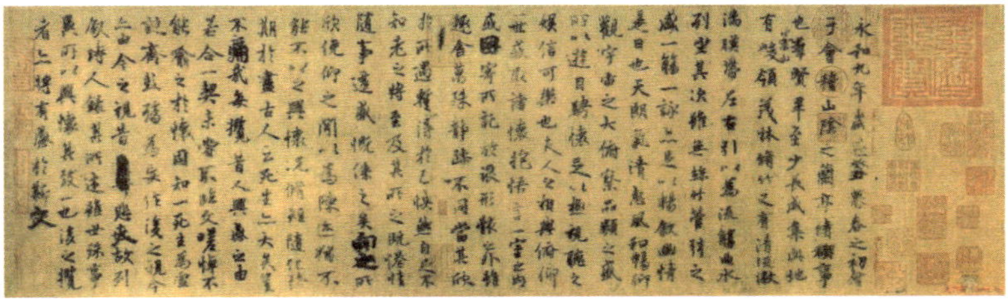

小圣王献之 成就不输其父

王献之

344 — 386

字子敬，小名官奴

“书圣”王羲之第七子；与父亲并称“二王”，有“小圣”之称

代表作《中秋帖》

受父亲影响，王献之从小就聪明好学，六七岁的时候就开始练习书法，尤其喜欢草书和隶书。

《晋书》里记载了这样一个故事。有一天，王羲之从外边回来，看见小儿子王献之正在全神贯注地伏案写字。王羲之没有出声，蹑（niè）手蹑脚地走过去，站在王献之的身后。小家伙丝毫没有察觉，他一会儿蘸蘸笔，一会儿理理纸，一笔一画写得有模有样。

王羲之一边看，一边赞许地点头，看着看着，他突然快速地伸出手去抽王献之手中的笔。出乎意料的是，别看王献之毫无防备，但是笔在手中握得紧紧的，并没有被抽走。他扭过头，不解地问王羲之：“父亲，您为什么要突然抢我的笔呢？”王羲之笑着说：“我是要看看你执笔是不是牢固啊，没想到你的力气还真不小。看来，我儿将来在书法上必然会有一番作为。”

在书法学习的道路上，良好的家庭氛围无疑是王献之的一个巨大优势。父亲王羲之自不必说，他的伯父、叔父、娘舅和众位兄长也都是书法家，再加上他自己的聪慧和勤奋，年纪轻轻就颇有心得。

据记载，有一次，王献之非常严肃地对父亲王羲之说：“我听说天下诸事贵在变通，时下的草书，大家写出来都是字字独立，互不勾连，很难表现出宏大流畅的气势。我认为，在草书和行书之间，应该可以找到一种

突破，所以斗胆建议父亲改变书体。”

王羲之听了儿子的话，大为吃惊。他没想到儿子年纪不大，对于书法的理解竟然如此深刻。他沉吟了好一会儿，若有所思地点了点头。后来，王羲之笔下的那篇旷古神作《兰亭集序》，用的就是新体行书。虽然不能说一定与王献之有关，但至少这种可能性是有的。

因为是书圣王羲之的儿子，所以王献之无可避免地被拿来和父亲比。这对于王献之而言是一种非常大的压力，也是他精进书法的动力。一次，谢安问王献之：“你的书法与你父亲比如何？”王献之很淡定地回答说：“各有千秋！”谢安又说：“外界的议论可并不是这样的啊！”王献之说：“世人又哪懂得呢？”

正是因为这种自信和不服输的个性，王献之通过突破尝试，在父亲的光环之下，形成了自己的书法风格，最终自创了一种非草非行的新书体，世人称之为“破体”，又叫“一笔书”。王献之因此在书法史上取得了与王羲之比肩的地位。

他的代表作《中秋帖》，全帖现存二十二个字，行草相杂、气韵贯通，雄浑如九天之水倾泻而下，酣畅淋漓一气呵成。北宋书法家米芾（fú）盛赞此帖为“天下子敬第一帖”。

《中秋帖》在清乾隆时期被收入内府，与《快雪时晴帖》《伯远帖》一起被刻入《三希堂法帖》中，后由清宫流入香港。1951 年在周恩来总理亲自关怀下，以重金收回，现藏于北京故宫博物院。

公元 386 年，年仅四十三岁的王献之因病辞世，一个正值壮年的书法大师的生命之舟戛（jiá）然搁浅，让无数世人扼（è）腕叹息。

生词学习

芾（fú）：草木茂盛。同“黻”。宋朝书画家米芾，也作米黻。

戛（jiá）然：形容声音突然中止。

扼（è）腕：用一只手握住自己另一只手的手腕，表示振奋、愤怒、惋惜等情绪。

百炼成金

知识考点

王献之字子敬，小名官奴。“书圣”王羲之第七子。与父亲并称为“二王”，有“小圣”之称。

默写练习

jiá rán
生命之舟（　　　）搁浅

è wàn
世人（　　　）叹息

niè shǒu niè jiǎo
（　　　　　　）地走过去

作品赏析

王献之草书手卷《中秋帖》纸本

北京故宫博物院藏。它是著名的古代书法作品，曾被清高宗弘历（乾隆皇帝）誉为“三希”之一，意即希世珍宝。行书3行，共22字，无署款。原帖在“中秋”之前还有“十二月割至不”六字。

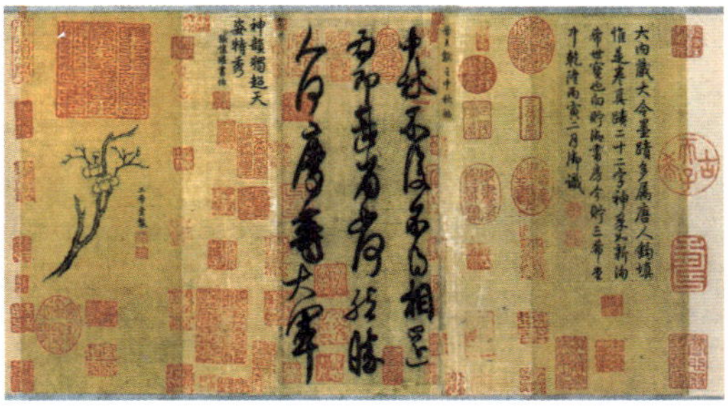

画祖顾恺之 才绝、画绝和痴绝

顾恺之

约 345 — 409

字长康，小字虎头

中国画祖；人称“三绝”：才绝、画绝和痴绝

代表作《女史箴图》《洛神赋图》

顾恺之出生在今江苏无锡一个官宦之家。不幸的是，出生没多久妈妈就离世了。他由奶奶抚养长大，但这并不影响他的成才。顾恺之从小聪明伶俐，三岁就开始在大厅的方砖上描摹练习写字，六岁能吟诗作赋，顾家的亲戚朋友都称他为“神童”。

随着一天天长大，顾恺之越来越羡慕小伙伴们都有妈妈。他时常缠着父亲问关于妈妈的事情，尤其对妈妈长什么样子更是无比好奇。父亲每到这个时候总是耐心地给他讲：“你的妈妈脸庞长得像外婆，表情像外公……”

顾恺之把父亲的话记在心里，时常想象着妈妈的样子。一天，他突然萌生了把妈妈画出来的想法，于是他开始在纸上一遍一遍地画，画完之后就兴冲冲地拿去给父亲看。父亲往往会说这里画得好，那里不太像，顾恺之就反复改。终于，顾恺之画出了一个令父亲震惊的画像。

当他把妈妈的画像拿到父亲面前的时候，这个历经沧桑的男人，双手颤抖，眼里闪着泪光，声音近乎哽咽地说：“像！非常像！”顾恺之从此走上了绘画之路。

成年之后，顾恺之离开老家，来到东晋的都城建康。在这里，他很快就崭露头角。公元 364 年，建康的瓦官寺要重新修葺（qì），寺院公开募捐，并不顺利。平日里，那些高官士大夫都说自己虔心向佛，真到了往外拿真金白银的时候，比挤牙膏还费劲。顾恺之知道后，主动找到住持，说自己要捐一百万钱，前提是要在佛堂里粉刷出一堵白墙，供他作画。住持半信半疑，不过还是答应了。

很快，白墙粉刷一新。年轻的顾恺之信步走进佛堂，回手把门一关，开始在白墙上闭关作画。不少人出于好奇，透过窗子偷看顾恺之画画，有懂行的人一边看一边赞叹，于是围观的人越来越多，顾恺之为瓦官寺作画的消息迅速传遍建康的街巷。

一个多月之后，一幅惟妙惟肖的维摩诘居士像完成了。不过，顾恺之故意留下眼睛部分没有画。在“点睛”当天，顾恺之请僧人打开山门，允许民众们参观，并且规定，第一天来参观的人要捐钱十万，第二天来参观的人要捐钱五万，第三天则可以随意捐舍。在强烈的好奇心驱使下，人们纷纷解囊（náng），争先恐后地看这位年轻画家如何为佛像“点睛”。于是，一百万钱就募齐了。当然，顾恺之也没有让众人失望，“点睛”之后的佛像就好像活了一样，慈眉善目间，带给普罗大众无尽的心灵慰藉（wèi jiè）。

顾恺之是中国绘画史上第一位有作品可考的画家，除了

宗教壁画之外，他还创作了大量古代的仕女图和名流像，其中以《女史箴（zhēn）图》和《洛神赋图》最具代表性。只可惜年代过于久远，我们今天能看到的多是后世的摹本。

现藏于大英博物馆的《女史箴图》是一件唐代绢临本，上面盖满了历代收藏家和皇帝的印章，乾隆皇帝甚至亲自提笔在旁边画上一束兰花，可见他对于这幅作品的喜爱和珍视。

晚年的顾恺之在绘画之余，潜心著述《论画》，他提出“以形写神”和“迁想妙得”等理论，对中国绘画艺术的发展产生了极其深远的影响。这位画坛鼻祖于公元 409 年离世，终年 64 岁。

生词学习

修葺（qì）：指修理房屋。葺：用茅草覆盖房顶。

箴（zhēn）：劝告；规诫。

解囊（náng）：解开口袋，指拿出财物来帮助人。

慰藉（wèi jiè）：安慰。

百炼成金

知识考点

顾恺之字长康，小字虎头，被尊为中国画祖；人称“三绝”，即画绝、才绝和痴绝。

默写练习

zhǎn lù tóu jiǎo

得以（　　　　　　　　）

jiě náng

人们纷纷（　　　　　）

wèi jiè

无尽的心灵（　　　　　）

作品赏析

《女史箴图》

《女史箴图》据传是顾恺之根据诗人张华的《女史箴》创作的十二幅画卷，它是当今存世最早的中国绢画，在中国美术史上具有重要地位。英军入侵北京时将其掠走，现藏于大英博物馆。本图为其第四段，画的是两个妇女对镜梳妆，其中一女子身后有一个少女为其梳头。三个人姿态各异，却显示出优雅端庄之美。

欧阳询 貌丑才高的大书法家

欧阳询

557 — 641

字信本

唐朝著名书法家，与虞（yú）世南、褚（chǔ）遂良、薛稷并称“初唐四大家”

代表作《九成宫醴（lǐ）泉铭》《皇甫诞碑》《化度寺碑》等

欧阳询原本有一个非常不错的家世，他的爷爷文武双全，是南朝梁武帝时期一位颇有名气的将军。爷爷去世后，父亲欧阳纥（hé）继承了爵位，因为门客众多、才干出众，受到了当朝皇帝陈宣帝的猜疑，皇帝下诏书把他调到都城，意在随时掌控欧阳纥的动向。年轻气盛的欧阳纥冲动之下竟然发动叛乱，自立为王，结果没过多久就被镇压了。怒不可遏的陈宣帝下令诛杀欧阳家族，这一年，欧阳询刚刚十三岁。

在危急关头，一位名叫江总的朋友拦住刚从外面回来的欧阳询，把他拖到附近的一个山洞里藏了起来。欧阳询就这样一下子从贵族少爷变成了反贼的儿子。为了逃避追杀，江总把自己和欧阳询打扮成行脚商人，一路逃到了北齐地界，才安顿下来。

欧阳询从小痴迷书法，遭遇变故之后，他先是跟着江总学习书法，后来另一个贵人王珉（mín）又引领他走进了“北碑”的书法海洋。“北碑”让他耳目一新，更加痴迷。

史书上记载，有一次，欧阳询在郊外路旁的荒草中看到了半截古碑，立刻走到近前，小心地扒开荒草，仔细一看，原来是西晋的一位书法名家的碑刻。这让欧阳询喜出望外，他蹲在碑前看了好久才离开。走出去没多远，又忍不住回到古碑前，痴痴看了半天，一边看一边不住点头称赞：“妙！

实在是妙！”

天黑回家之后，那半截古碑始终在欧阳询的脑子里浮现。于是，第二天一大早，欧阳询干脆带上干粮和被子，回到古碑前“安营扎寨”，一待就是三天，直到碑上的文字像刻在自己脑子里一样才离开。临走的时候，欧阳询还恭恭敬敬地对着古碑拱手道别，像是离开一位知己好友。

公元 604 年，隋炀帝杨广即位，他重文艺轻政治，身边聚集了一大批文士。其中也包括欧阳询。根据史料的记载，欧阳询的相貌非常丑陋，又黑又瘦，看起来像一只猴子。对于欧阳询的才学和书艺，杨广早有耳闻，但实在不喜欢其长相，因此只给他安排了一个闲职，让欧阳询掌管宗庙祭祀事宜。职位清闲，欧阳询从而有大量的时间来钻研书法。在这段时间，他的书法技艺炉火纯青，在楷书领域奠定了大师地位。

后来，唐高祖李渊对于欧阳询的才学也十分钦佩，就把他留用在自己身边，帮助处理日常事务。欧阳询的书法因为李渊的提点，从国内传到了朝鲜、日本等国。

从欧阳询留存的书法作品和书法理论著作来看，他最大的成就在楷书。他的楷体字笔力劲险，结构规整而又不失新奇，后人称之为“欧体”。欧阳询对于楷书的一大贡献是，他系统地总结了三十六条楷书字体的结构方法，后人称之为“欧阳询三十六法”。欧阳询七十五岁的时候，用楷书创作了代表作《九成宫醴泉铭》，后世赞誉为“正书第一”。

公元 641 年，欧阳询病逝。他的众多子女之中，第四子欧阳通遗传了父亲的书法天赋，通过其母亲的教导，最终也成为一名书法大家，与欧阳询并称“大小欧阳”。

生词学习

虞（yú）：既是姓，也表示猜测、预料，忧虑，欺骗等意思。

褚（chǔ）：姓。又读zhǔ，指丝绵或在衣服里铺丝绵，也有口袋的意思。

醴（lǐ）：甜酒，或甘甜的泉水。

纥（hé）：指下等丝。

百炼成金

知识考点

欧阳询字信本，唐朝著名书法家，与虞世南、褚遂良、薛稷并称“初唐四大家”。代表作有《九成宫醴泉铭》《皇甫诞碑》《化度寺碑》等。与儿子欧阳通并称“大小欧阳”。

默写练习

lú huǒ chún qīng

技艺（　　　　　　　　　）

作品赏析

“天下第一楷书”《九成宫醴泉铭》

《九成宫醴泉铭》是欧阳询七十五岁时的作品，历来为学书者推崇，被视为楷书正宗，被后世誉为“天下第一楷书”。其内容由魏徵撰文，记载唐太宗在九成宫避暑时发现泉水之事。传世最佳拓本是明代李琪旧藏宋拓本，今藏北京故宫博物院，本图片为其中局部。

画圣吴道子 从孤儿到御用画家

吴道子

约 680 — 759

又名道玄

唐代著名画家，被后人尊称为“画圣”

代表作《送子天王图》

吴道子的家乡在河南禹州郊区的一个山村，父亲是当地的一位石匠，母亲是一位心灵手巧的女性，丈夫在石头上雕刻的各种图案就是她提前画好的。吴道子受母亲的影响，从小就对绘画很感兴趣。

不幸的是，吴道子七八岁的时候，成了孤儿。后来，有好心人介绍他到附近的寺庙里做杂工，寺里的方丈见他聪明伶俐，就把他留在了自己身边。吴道子因此有更多的机会接触诗书、绘画，并在方丈的指点之下进步飞快。当时，吴道子的家乡是瓷器的重要产地，因此很多民间画匠以在瓷器上作画为生。为了学得谋生的技能，吴道子就拜了一个画匠为师，开始学习在瓷器上画画。因为瓷器本身要比纸张贵重很多，所以在瓷器上画画要更加小心谨慎，稍一出错就会带来不小的损失，因此师傅对吴道子格外严格。小小年纪的吴道子就在严苛的要求下，一笔一画、一丝不苟（gǒu）地练习，打下了坚实的绘画基本功。

在二十岁出头的时候，吴道子辞别了师父和朋友，不顾路途遥远，来到了经济更为发达的兖（yǎn）州。因为性格豪爽，又加上画艺高超，吴道子很快就在当地交到了一些志同道合的朋友，并谋得了一个县尉（负责一县治安的官员）的职务。

一次，他的辖下有一个盗贼越狱逃跑了，急得大家直挠头。吴道子凭借记忆，给这个盗贼画了画像，派人张贴在各个路口。没过多久，就有人

根据画像向官府举报，顺利地把越狱的盗贼给逮了回来。根据《鲁驿书典》的记载，盗贼被捉回来的时候，对着吴道子心服口服地说："我平生飞檐走壁，还是没能逃出你的一幅小小画像啊！"

在兖州待了几年之后，吴道子听说东都洛阳画家云集，毅然辞官奔赴洛阳。到了洛阳之后，吴道子没有急于作画赚钱，而是继续拜师学艺、开阔眼界。他先是拜师学习书法，而后又在洛阳当地大大小小的寺庙间不停游走，几乎把所有的壁画都看了个遍，随后动手挨个临摹。

据记载，吴道子画佛像堪称一绝，尤其是徒手画佛光，简直就是一种行为艺术。他在画完佛像头部的一瞬间，会突然把胳膊一抡，下笔果断，运笔极快，等到胳膊放下来的时候，圆得惊人的佛光就画好了，看上去真的像是佛祖本身发出来的一样。

随着壁画作品越来越多，吴道子在洛阳的名气也越来越大，时间一长，就传到了唐玄宗的耳朵里。唐玄宗很喜欢吴道子，把他留在了宫中。成了宫廷画师后，吴道子不用再为生活奔波，在皇家提供的优越平台上专注绘画，前前后后画出几百幅佛教题材的壁画。公元 723 年，吴道子创作出名传千载的《钟馗（kuí）像》。

天宝年间，唐玄宗命令吴道子去四川嘉陵江，回来之后把嘉陵江的景色画到宫殿的影壁墙上。吴道子从容上路，一路上游山玩水，沉醉在天府之国的美景之中。随从人员看他只顾游玩，一张草图都没有画，就提醒他："大人，我们这次出来可是带着任务的，回去之后画不出画来，皇帝是要治罪的！"吴道子只是微微一笑，仍然自顾自地观赏游玩。几个月之后，吴道子回到长安来见唐玄宗。唐玄宗说："把画稿呈上来给朕审看。"吴道子答："没有。都记在臣的心里了。"唐玄宗不高兴了，说："我限你三个月之内，把嘉陵江三百里山水景致全部画下来；到时候画不好，可要治你的罪。"结果，吴道子只用了一天时间，就把嘉陵江的山山水水画到了影壁墙上。

公元 755 年，安史之乱爆发，大唐帝国的盛世之花在暴风雨中飘零，包括吴道子在内的宫廷画师们四散逃亡。吴道子过了几年漂泊无依的凄苦生活，于公元 759 年染病逝世，终年 79 岁。

生词学习

一丝不苟（gǒu）　苟：苟且，马虎。形容做事十分认真、细致，一点儿也不马虎。

兖（yǎn）州　地名，在山东。

馗（kuí）　同"逵"。

百炼成金

知识考点

吴道子，又名道玄。唐代著名画家，被后人尊称为“画圣”。

默写练习

yī sī bù gǒu

（　　　　　　　　）地练习

zhì tóng dào hé

一些（　　　　　　　　）的朋友

piāo bó wú yī

（　　　　　　　　）的凄苦生活

作品赏析

“天下第一名画”《送子天王图》

《送子天王图》是吴道子根据佛典《瑞应本起经》创作的绘画作品。现存宋人摹本，为纸本手卷，现藏日本大阪市立美术馆。该画卷虽讲述异域故事，但画中的人物、神鬼、妖兽却本土化，体现了佛教与中国本土艺术在唐代日趋融合之势。该画的墨线如“莼菜条”，是吴道子具有代表性的绘画风格，所画衣褶，有飘举之势，人称“吴带当风”。

楷圣颜真卿 捐躯赴国难的大唐之魂

颜真卿

709 — 784

字清臣，小名羡门子，别号应方

唐朝名臣、书法家；创“颜体”楷书，对后世影响很大；与赵孟頫（fǔ）、柳公权、欧阳询并称为“楷书四大家”；又与柳公权并称“颜柳”，被称为“颜筋柳骨”

代表作《祭侄文稿》

颜真卿三岁那年，父亲因病故去，一家老小十几口人转瞬之间就陷入无依无靠的境地，只能在亲戚们的接济下勉强度日。颜真卿从四岁起，每天跟着哥哥们认字读书，而伯父、姑姑也会时不时地过来问他、考他，还会手把手地指点他练习书法。

颜真卿学得非常认真刻苦，还特别节俭。他知道一家人生计艰难，为了省下买纸的钱，他常常用枝条在家里的黄土墙上练字，时间长了，墙壁被他画满了深深浅浅的痕迹。颜真卿珍惜每一次能在纸上写字的机会，他学会了用浓淡不同的墨写字，先用浅色的墨写完正面再写背面，再用深色的墨写完背面再写正面，直到满纸墨黑不能再写为止。颜真卿全身心地投入学习练字之中，常常半夜才睡，第二天鸡鸣就起，只要是学习，他总感觉到自己有使不完的力气。

公元 734 年正月，二十六岁的颜真卿信心满满地走进了科举考试的考场。功夫不负有心人，最终他以“经策全通”的优异成绩高中甲等进士。两年后，颜真卿参加了吏部的铨（quán）选，程序上，类似于今天“笔试”通过之后的“面试”，不过要难得多，分为“身、言、书、判”四个方面的考核。颜真卿凭借自己深厚的书法功底和敏捷的才思顺利通过了铨选，

被授予校书郎一职。此后，颜真卿先后出任县尉、郡太守、节度使、尚书和殿中侍御史等重要职务。颜真卿品格刚正，为官清明，才干卓越，颇受朝廷的赏识和百姓的爱戴。

天宝年间，唐王朝的国势已经开始出现衰落的迹象，玄宗皇帝懒于打理朝政，宰相杨国忠趁机独揽大权，并疯狂地打压与自己意见不合的官员。颜真卿生性高傲，从来不肯逢迎权贵，因此也受到了排挤。公元 753 年，杨国忠以加强地方吏治为名，把颜真卿赶出了朝廷，做了平原郡的郡守。

颜真卿到任平原郡之后，很快便察觉了安禄山在密谋造反。于是，他一方面派人将这一动向禀奏朝廷，另一方面加强军备，以防汛抗洪为名，招募青壮年，囤（tún）积粮草。为了麻痹（bì）安禄山，颜真卿每天跟朋友乘船游玩、饮酒作乐。安禄山还真把他当成了书呆子，并没有过多地提防他。

公元 755 年，安史之乱爆发，安禄山疾风暴雨般攻陷了北方的众多城郡。听到前方失利的战报，唐玄宗又震惊，又不甘心。他说：“难道我河北二十四郡，就没有一个忠臣吗？都弃城投降了吗？”等接到颜真卿派人送来的报告，唐玄宗万分感慨。因为他并不了解颜真卿的为人，所以实在想不到这个大臣竟然能做得这么出色。颜真卿驻守的平原郡成了孤悬在叛乱军队身后的一柄利剑，给对方以沉重的打击。

这场战乱让颜真卿的家族付出了巨大的代价，他的兄弟、侄子先后为国捐躯。公元 758 年 9 月，颜真卿为侄子颜季明设祭，并写下了一篇名垂千古的《祭侄文稿》。

颜真卿一生辅佐了四位皇帝，但由于他刚正不阿的个性，多次受到权臣的排挤和陷害。公元 783 年，一个名叫李希烈的藩镇将领拥兵自重，显露出了谋反的迹象。于是，宰相卢杞向皇帝建议："颜真卿德高望重，天下信服，可以派他前去说服李希烈，不用动刀动枪就能够平息叛乱。"昏庸的皇帝不假思索，马上点头答应。其实，卢杞只是想借刀杀人而已，让大臣去劝降一个连皇帝都不放在眼里的反贼，无异于与虎谋皮。所有人都劝颜真卿不要去。但颜真卿只说了五个字："君命不可违！"就这样，已经年逾古稀的颜真卿毅然决然地来到了反贼的军中，进入了狼窝虎穴。

卑鄙恶毒的李希烈使出了各种招数想让颜真卿屈服，可是颜真卿始终大义凛然，绝不肯同流合污。公元 784 年，颜真卿被贼人缢死于囚牢之中。一代忠烈名臣，一代书法巨匠，就此与世长辞。

生词学习

頫（fǔ）：人名用字。

铨选（quán）：选择录用。

囤积（tún）：储存。

麻痹（bì）：身体某部分的感觉或运动功能部分丧失或完全丧失，也指马虎、不经心，缺乏警惕性。

百炼成金

知识考点

颜真卿字清臣，小名羡门子，唐朝名臣、书法家，创“颜体”楷书，对后世影响很大；与赵孟頫、柳公权、欧阳询并称为“楷书四大家”。又与柳公权并称“颜柳”，被称为“颜筋柳骨”。

默写练习

jiè dāo shā rén
想（　　　　　　）而已

dà yì lǐn rán
始终（　　　　　　）

yǔ hǔ móu pí
无异于（　　　　　　）

作品赏析

天下行书第二《祭侄文稿》

《祭侄文稿》全名《祭侄赠赞善大夫季明文》，由颜真卿写于唐肃宗乾元元年（758）。季明惨遭叛军杀害，以身殉国，待颜真卿收殓时仅存头颅。颜真卿悲愤交加，遂写此祭文，纪念堂侄。后世誉此帖为“在世颜书第一”“天下行书第二”，与王羲之的《兰亭集序》、苏轼的《寒食帖》合称“天下三大行书法帖”。

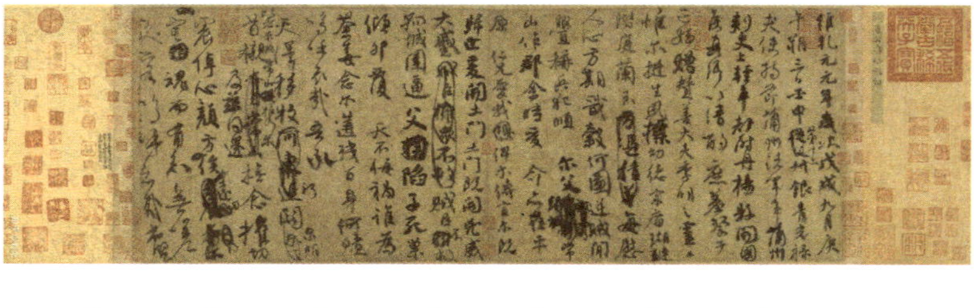

草圣怀素 李白口中的"少年上人"

怀素

737 — 799，一说 725 — 785

俗姓钱，字藏真

以"狂草"名世，史称"草圣"；与唐代书法家张旭齐名，合称"颠张狂素"

代表作《自叙帖》

怀素出身穷苦，幼年就出家为僧。在清静悠闲的寺庙中，怀素那向往自由的灵魂一刻也未停歇。很快，他就给自己找到了出口，他迷恋上了书法。

因为穷，买不起纸，怀素就在寺庙的墙壁上、台阶上描描画画，每天乐此不疲。寺庙里年长的僧人们总能在某个转角处，看见他幼小的身影全神贯注地在那里描画，甚至在坐禅的时候，他的小手也不老实。幸运的是，怀素遇到了一个宽容、开明的住持，在看到怀素的行为后，并没有生气，也没有扼杀他的爱好。写字又何尝不是一种修行呢？

根据《僧怀素传》的记载，随着一天天长大，怀素对于书法的痴迷越来越深，但是穷困的生活没有丝毫改变，他仍然买不起写字用的纸。没有纸如何练字呢？怀素苦苦思索，终于有一天，他眼前一亮，拍了拍自己光秃秃的脑袋，有办法了！他要种芭蕉树，而且一口气就种下了一万株芭蕉树。周围的人都很不理解，大家议论纷纷："穷得都快揭不开锅了，种芭蕉树干什么？难道想要拿芭蕉卖钱？可是，哪里会有人买啊？"

很快，一万多株芭蕉树长起来了，硕大的芭蕉叶像是撑起了无数把巨大的绿色雨伞，遮天蔽日。怀素给这一片芭蕉林起了一个富有诗意的名字，叫作"绿天庵"。从此，怀素整天待在这一片绿色的天地里，他把巨大的芭蕉叶当成了纸，每天在蕉叶上练字，从晨曦写到日暮，从树干写到树梢，从东头写到西头，像是一只不知疲倦的食叶昆虫，每天睁开眼睛第一件事就是找叶子。

怀素就这样反复地练、反复地写，原本宽大肥厚的芭蕉叶子，竟然真的像被虫子咬过一样，越来越薄，越来越破，最后只剩下叶柄和叶脉，整个芭蕉林像是经历了一场蝗灾。

因为常年日复一日地写字，怀素用坏的毛笔头积攒了一筐又一筐，堆积起来像一座小山包一样。怀素挖了一个大坑，把这些用坏的笔都埋在了坑里，就好像安葬一位故去的老朋友，并称之为“笔冢（zhǒng）”。

自公元 762 年起，怀素开始了自己的游历四方之旅。他走衡阳、下广州、进京师、访洛阳，其间结识了李白、陆羽，拜会了颜真卿、邬彤，留下了众多的书法作品，并逐渐有了知名度。

也许是两个人具有类似的“狂放”的艺术气质，大诗人李白对怀素的作品格外偏爱，说王羲之、张旭的书法在怀素面前也黯（àn）然失色，还

称怀素为“少年上人”。

公元777年，也就是怀素四十岁这一年，他写出了平生最为著名的作品《自叙帖》。这一刻，就好像一个绝世高手终于打通了浑身的经脉一样，他的草书达到了一个前所未有的高度和境界。《自叙帖》一共七百多字，主要内容是叙述了他自己学习书法的经历和心得，这是世人公认的怀素代表作。

相传，《自叙帖》是怀素在一次醉酒之后写的，写字过程中，动作夸张得就好像在跳舞一样。写完之后，怀素把笔一丢，整个人咣当一声倒在地上，像是死去了一样。他这种癫狂（diān kuáng）的状态让在场的所有人深感震撼。此后，怀素的大名便如他的作品一样，以一种狂到极致、美到极致的姿态，屹立在中国历代书法名家之中，千百年来不曾有过丝毫动摇。

生词学习

冢（zhǒng）：坟墓。

癫狂（diān kuáng）：精神错乱，言语或行动异常。也指言谈举止等轻佻，不庄重。

黯（àn）然失色：本指心情不好，脸色难看。后多比喻相比之下有很大差距，远远不如。黯然：心里不舒服、情绪低落的样子。

百炼成金

知识考点

怀素俗姓钱，字藏真，以“狂草”名世，史称“草圣”；与唐代另一位草书书法家张旭齐名，合称“颠张狂素”。

默写练习

lè cǐ bù pí

每天（　　　　　　　　）

àn rán shī sè

也（　　　　　　　　）

作品赏析

《自叙帖》

《自叙帖》是怀素于776年或777年创作的草书书法作品，现藏于台北故宫博物院。帖中怀素自述生平大略，附有友人赠诗等。《自叙帖》被誉为“天下第一草书”，在书法艺术领域影响深远。

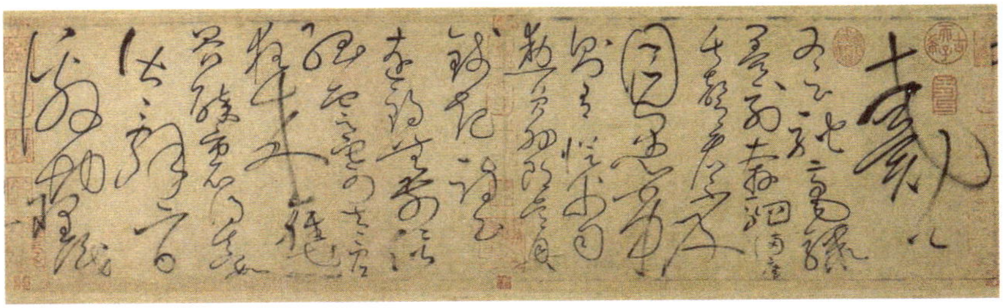

柳公权 心正则笔正

柳公权

778 — 865

字诚悬

唐朝中期著名书法家、诗人；自创“柳体”，后世有“颜筋柳骨”的美誉

代表作《玄秘塔碑》

柳公权的父亲柳子温曾担任丹州刺史，巡守一方；哥哥则是鼎鼎大名的柳公绰，这位名臣曾经在上任的第一天就下令杖毙了一个禁军将领，事前没有请示，事后没有汇报。等到皇帝满脸怒气地质问他的时候，柳公绰从容应答、滴水不漏，弄得皇帝一点办法都没有。这样的家风，潜移默化（qián yí mò huà）地影响了柳公权，人们都说，他的个性以及行事风格同他的哥哥颇有几分相似。

柳公权小的时候，字写得并不好看，同龄的小伙伴们都嘲笑他。柳公权既不反驳（bó），也不生气，只是暗暗下决心，一定要把字练好。一天，他在街上遇到一个又黑又瘦还没有双手的老头，只见这个老头坐在地上，正在用脚给别人写对联，写得那叫一个龙飞凤舞。他当即“扑通”一声，跪在了老头的面前，把老头吓了一跳。柳公权毕恭毕敬地说：“我愿意拜您为师，请告诉我写字的秘诀吧！”老头赶忙让柳公权起身，并且语重心长地对他说：“孩子，练字的唯一秘诀就是勤奋，等到你写字用完八缸水的时候，你的字就写好啦！”从此，柳公权把老人的话牢牢地记在心里，开始更加刻苦地练字，手上磨出了厚厚的茧子，手肘处的衣服补了一层又一层，书法技艺突飞猛进。

转眼到了参加科举考试的年龄，柳公权最终高中进士，这一年他刚满

29 岁。

但凡学过书法的人，一定听说过“颜筋柳骨”这个成语，这里的“柳”指的就是柳公权，“柳骨”是形容他的字骨感有力。柳公权独创的“柳体”字，因其所具有的独特美感和艺术魅力，成为后世百代的楷模。

相传，柳公权经常去看当地的屠户们杀牛宰羊。很多人感到奇怪，甚至怀疑这个人是不是有什么问题，前途无量的官家公子哥，难道要学人操刀卖肉不成？其实，柳公权是为了写字而来，他通过看屠夫把肉从牛羊的骨头上剔下来的过程，研究动物的骨架结构，从骨架结构中得到启示，并运用到自己的书法当中。

柳体字的“骨感美”在中国书法界无疑是首屈一指的。柳公权为官做人同样更显风骨。

唐穆宗为人行为乖张，在位期间，朝政荒怠。一次，他问柳公权："一杆小小的毛笔，究竟怎样才能像爱卿一样，写出尽善尽美的字呢？朕始终是不得要领啊！"柳公权答道："陛下，用笔之法全在用心，心正则笔正，笔正则字端！"唐穆宗立刻听出柳公权是在批评自己，暗自佩服柳公权敢于直谏的性格。

柳公权作为三朝皇帝的御用书法教师，书法作品在当时热销海内外，广受追捧。当时公卿大臣中甚至形成了一种不成文的规矩，家里的碑文墓志如果不是出自柳公权的手笔，子孙就要被认为不孝。

公元 821 年，44 岁的柳公权出任翰林院侍书学士。同年，他完成了一件流传后世的著名作品《蒙诏帖》。此帖字体豪放飘逸、遒劲（qiú jìng）有力，深得包括乾隆皇帝在内的历代藏家的珍爱。

柳公权的书法称雄中晚唐，作品众多，其中尤以 47 岁时书的《金刚经》、63 岁时书的《玄秘塔碑》、65 岁时书的《神策军碑》最具代表性，这些作品也奠定了他在中国书法界不可撼动的大师地位。

公元 865 年，柳公权去世，时年 88 岁，获赠太子太师。柳公权一生高寿、高德、高艺、高位，堪称人生赢家。

生词学习

反驳（bó）：说出自己的理由，来否定别人跟自己不同的理论或意见。

遒劲有力（qiú jìng）：雄健有力。

潜移默化（qián yí mò huà）：指人的思想、性格在不知不觉中受到感染、影响而发生变化。

百炼成金

知识考点

柳公权字诚悬，唐朝中期著名书法家、诗人。自创独树一帜的“柳体”，后世有“颜筋柳骨”的美誉。

默写练习

qián yí mò huà

家风（　　　　　　　　）地影响了柳公权

piāo yì　　　　　qiú jìng

字体豪放（　　　　　）、（　　　　　）有力

作品赏析

《玄秘塔碑》

《玄秘塔碑》在公元 841 年由时任宰相裴休撰文，柳公权以楷书书法写成，现存于西安碑林第二室。《玄秘塔碑》代表着“柳体”的成熟，被视为初学书法者的范本，影响深远。

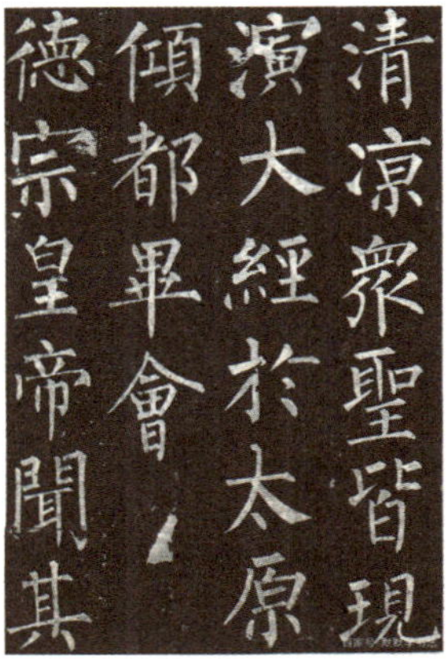

贯休 罗汉画像的独创者

贯休

832 — 912

俗姓姜，字德隐

唐末五代时期诗、书、画三栖的僧人

代表作为《十六罗汉图》

贯休祖上世代读书做官，到了他父亲这一代，事业上郁（yù）郁不得志，家道开始衰落。父亲心灰意冷之下，将贯休送到了兰溪县的安和寺出了家，这一年贯休仅 7 岁。

贯休进入寺院之后，拜圆贞禅师为老师，成了一名童侍，每天跟着禅师学习经文。在寺院没多久，贯休就引起了寺院僧人的注意，大家惊奇地发现，这个虎头虎脑的小家伙记忆力超强，背起晦涩（huì sè）绕口的经文来，像数数一样轻松，一天能背诵一千字，整部经文几个月之内就能够倒背如流。圆贞禅师感叹道："贯休天资聪颖，只要悉心调教，将来必成我佛门中一代高僧。"从此，禅师对贯休呵护备至，贯休也因此得到了更多接触各类典籍的机会，迅速成长。

十几岁的时候，贯休在念经修禅之余，开始醉心于作诗。他常常找别人对诗，在你来我往之间，诗艺大增。就这样，贯休十五六岁就已经是当地非常出名的诗人了。

贯休除了喜欢诗歌，对于书法和绘画也有着非常浓厚的兴趣，他最喜欢临习的是怀素和尚的书法和阎立本的佛道人物画。常年揣摩和练习，让他的书、画作品渐渐有了这两位大师的神韵。尤其在绘画方面，贯休在阎立本佛像、罗汉画的基础上，摸索出了罗汉像的一种独特的绘画技法。他画的罗汉像乍看之下，样貌似乎有些怪异，最典型的特征就是眉骨突出、

额头高耸、眼窝深陷，看起来似乎总是带有一丝野性，与以往佛道画像的端庄、祥和有很大的差异。但是，恰恰是这种造型特点，让贯休的罗汉画像展示出了独特的艺术魅力，让所有观者都能够油然生出一种敬畏心。

二十多岁时，贯休离开家乡寺院，开始云游四方。后来，他辗转来到有天府之国美誉的四川。贯休有一个非常特别的称呼，叫“得得来和尚”。这个称呼源于他献给蜀主王建的一句诗。

唐王朝覆灭之后，王建在四川自立为帝，建立前蜀。他虽然出身、才学都一般，但是治理蜀地倒是很有办法。当时的四川被他治理得物阜民丰。王建本人非常敬重贯休，在当地最大的寺院里专门为贯休设置了用于修行参禅的居室。在蜀地生活居住了一段时间之后，贯休对于王建的治世之才越发认可，为抒发自己的情感和抱负，贯休作了一首《陈情献蜀皇帝》的七言律诗献给了蜀主王建，阐明了自己不远万里到四川来的初衷，也表达了自己想在川中找到归宿的期望。其中“一瓶一钵（bō）垂垂老，万水万山得得来”一句脍炙（kuài zhì）人口。“得得来和尚”的称呼就是这么来的。

贯休在蜀期间，充分发挥自己在绘画方面的特长，为寺院绘制了佛像、菩萨像和独具个人风格的罗汉像。因为造型独特神秘，引来了大批香客瞻仰膜拜。贯休自己曾说：“我画的佛造像、罗汉像，并不是我凭空想象出来的，而是我在梦中见到的样子。”

公元 912 年 12 月，贯休圆寂于成都华龙禅院，终年 81 岁。这位诗、书、画三绝，足迹遍及大半个中国的一代高僧，从此安眠于巴蜀圣地。

生词学习

郁郁（yù yù）：忧伤、愁闷的样子。

晦涩（huì sè）：诗文、乐曲等含意隐晦、不易懂。

钵（bō）：形状像盆而较小的一种陶制器具，用来盛饭菜、茶水等。一般泛指僧人所用的食器。

脍炙人口（kuài zhì rén kǒu）：原指美味人人爱吃，比喻好的诗文受到人们的称赞和传诵。

百炼成金

知识考点

贯休俗姓姜，字德隐。唐末五代时期诗、书、画三栖的大德高僧。存世《十六罗汉图》为其代表作。

默写练习

yù yù

事业上（　　　）不得志

huì sè

（　　　）绕口的经文

kuài zhì

一句（　　　）人口

作品赏析

《十六罗汉图》之布袋罗汉

贯休所绘罗汉，有的庞眉大目，有的高颧（quán）隆鼻，与唐代佛教艺术中经常出现的胡人形象是一致的。据载，贯休曾说，这些“不类世间所传”的佛教人物形象，是他“梦中所睹尔”。

米芾 练字如狂，以假乱真

米芾（fú）

1052 — 1108

初名黻（fú），字元章，号海岳外史

北宋书法家、画家、书画理论家；与苏轼、黄庭坚、蔡襄合称“宋四家”

代表作《蜀素帖》

米芾出生于一个世代习武的家庭，他的祖上包括父亲都是宋朝的将军。按照“虎父无犬子”的常理，米芾作为家里的男孩，似乎应该习武参军、保家卫国，像父辈一样成为一名英武的将军。可米芾却偏偏不喜欢舞枪弄棒，而是对舞文弄墨情有独钟。

米芾从小就好静不好动，喜欢读书写字，而且表现出了很高的天分。六岁就能背诵上百首唐诗；八岁开始学习书法，仅仅两年就能摹写碑刻了。一时之间，米芾的名声开始在街坊四邻间传扬开来，都说米家出了一个天才。

其实，米芾练字的过程并不是一帆风顺的。最初的几年，长进并不明显，这让他的老师非常失望，甚至说过让他放下笔杆，回家去跟父亲学枪棒算了。这让米芾很受刺激，于是他更加发奋练字，从早练到晚，连睡觉都梦见自己在写字。

一次，他听说有一个进京赶考的秀才路过家乡，米芾就跑去向秀才求教。秀才说：“我可以教你，但是有个条件，你必须买我的纸来写字。”当了解了纸的价格之后，米芾直挠头。原来秀才的纸要五两银子一张。米芾心想：“这也太贵了。”可是，学字心切的米芾还是答应了，花了五两银子买了一张纸。回家之后，他反复地研究字帖，但就是不敢轻易下笔，

因为这纸实在太贵了，如果写不好，就太对不起那五两银子了。第二天，当米芾拿着一个字都没有的纸张，再次去求教的时候，秀才笑着对他说："写字不光动笔，更要动心，用心观其形，用心悟其神，这就是写字的诀窍。"聪明的米芾顿时明白了秀才的良苦用心，赶紧向对方作揖拜谢，从此把秀才的话铭记在心。

公元 1067 年，米芾的母亲奉命到京都汴梁侍奉英宗高皇后，米芾也一同来到了京城，并常常跟随母亲进出皇宫，这让米芾占得了先机。因为皇宫就是一个"超级的书画藏宝库"，皇宫里历代名家大师的真迹让米芾大开眼界，对他书画技艺的提高有很大帮助。

两年之后，同样是因为母亲的关系，米芾被刚刚继位的宋神宗恩赐为秘书省校字郎，正式成了朝廷里的一位官员。当官之后的米芾，在职场中显得格格不入，他的很多行为被人视为怪诞而疯癫。上班经常迟到早退不说，还总是"玩失踪"。他常常自己悄悄地躲在一个屋子里，关起门来练习字画，把堂堂的秘书省当成了自家的“练书房”。

米芾的怪诞行为给自己惹来了不少麻烦，屡屡被降职处理，常常被排挤中伤。但是米芾的书画水准却让所有人称绝，他在风格上追随晋、唐的古人，书画作品往往有晋人的超脱飘逸。他的拿手绝活儿之一就是临摹，几乎到了以假乱真的境界。据说，今天我们看到的一些王羲之的作品，都是当年米芾临的“精仿一比一”。

当时有一个画商，听说米芾喜欢收藏字画，于是就拿来一幅唐人的画作，想要卖给他。米芾一看，爱不释手，但是觉得对方开价太高，于是他说：“这幅画先放我这里，我好好看看，也再好好想想。过几天你再来吧，到时候我再决定买不买。”过了几天，画商来了，米芾说不买了，把画还给了画商，只不过，他还给画商的是自己临摹的赝（yàn）品。因为临摹得太逼真，画商左看右看竟然没看出来，当成真品拿走了，过了好久才发现，火急火燎地回来找米芾。米芾大笑道：“哈哈，跟你开了一个玩笑而已，你不来找我，我也会去找你。”

1107 年，米芾被任命为礼部员外郎，但很快就被人弹劾（tán hé）。米芾意识到，在皇帝的眼中，自己不过是一个“有才华有趣味的丑角”，政治上不堪重用，就离开了京师。公元 1108 年，米芾因病离世，终年 58 岁。

生词学习

fú
黻 古代礼服上绣的半青半黑的花纹。

yàn
赝品 伪造的东西，多指文物、书画等。

tán hé
弹劾 古代担任监察的官员检举官吏的罪状。劾：揭发罪状。

百炼成金

知识考点

米芾初名黻，字元章，号海岳外史。北宋书法家、画家、书画理论家。与苏轼、黄庭坚、蔡襄合称“宋四家”。

默写练习

gé gé bù rù

显得（　　　　　　　　　）

yǐ jiǎ luàn zhēn

到了（　　　　　　　　　）的境界

yàn pǐn

临摹的（　　　　　）

作品赏析

《蜀素帖》

《蜀素帖》由米芾写于北宋元祐三年（1088），现藏于台北故宫博物院，内容为当时的游记和送行之作。它被誉为“中华第一美帖”“天下第八行书”。

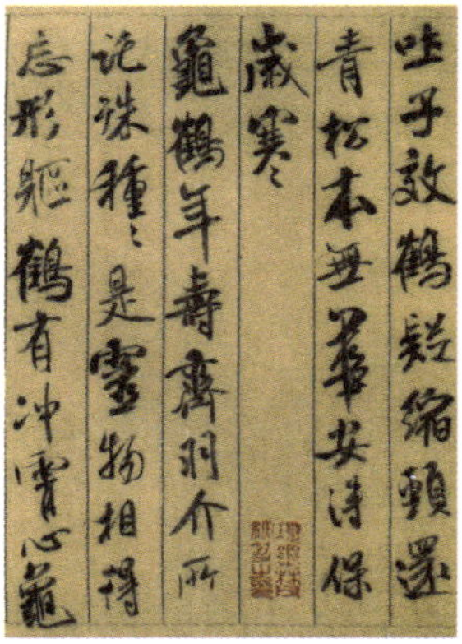

张择端 “以画谏君”

张择端

生卒年不详

字正道

代表作《清明上河图》

关于张择端的生平，史料上没有记载。我们只能根据《清明上河图》的一点信息，大致推断张择端的人生轨迹。

张择端家境殷实，父亲是当地的一个小官，在对张择端的教育方面既重视，又开明。张择端从小就喜欢画画，每一次全家出去游玩，他都像是眼睛不够用了一样，看哪都新鲜，看什么都入迷。回到家之后，连饭都顾不上吃，一头扎进书房里，把当天看到的各式各样的人物、动物、房屋、桥梁等都画下来，而且越画越好，越画越像。父亲看到之后，总是会时不时地鼓励儿子几句，这让小小年纪的张择端很有成就感。

可能是太过痴迷画画，张择端在“文化课”方面有些欠缺，一直到了20岁还没有取得任何功名，连个秀才都没有考中，这让一家人感到非常着急。就在这个时候，传来了一个好消息，京城书画院招考画画的学生，这个“专业”既是张择端的长项，也是他的兴趣，就这样，张择端成了一位进京赶考的“艺术类”考生。

到了京城之后，张择端凭借自己在绘画方面的才能和天赋，很快引起了一位官员的重视，并把他引荐到翰林图画院，成了一名宫廷画师。

一天，有一位画师当街向张择端挑战。他们约定，在墙上挂两个布帘，各自在帘后作画，完成后，当街把布帘揭开，让所有在场的人评判，决出胜负。前两局，两人打成了平手，第三局，画完后，张择端说：“这一次，咱们换个方式，您的画，由我来掀帘子，而我的画，则劳驾您过来掀帘子，怎么样？”画师不以为然地说：“好，就按照你说的，来吧，先看我的！”张择端从容地走过去，把帘子掀开，露出了画师的画作，围观的人一阵叫好。画师得意地走到张择端的画前，伸出手去掀帘子，结果，尴尬的一幕发生了，他抓了两下，竟然没掀起来。原来，张择端这次画的就是一个“布帘”，因为画得太像了，这位画师竟然以为是真的。围观的人一阵大笑，画师拱手认输。此后，张择端超强的写实技艺的名声更加广为流传。

作为宫廷画师，有一次，张择端接到了一个大任务，这个任务是宋徽宗亲自确定的创作主题：瑞应图，让张择端画一幅宏大的作品，来反映宋徽宗统治下的北宋是如何国富民强、欣欣向荣的。对于皇帝下达的任务，张择端自然是不敢敷衍（fū yǎn）。为了寻找灵感，张择端开启了“逛街”模式，他开始早出晚归，穿梭于东京汴梁的大街小巷，进出汴河两岸各种各样的商铺。累了，就找个茶馆坐下来喝两杯，一边喝茶一边观察熙熙攘攘（xī xī rǎng rǎng）的街景。饿了，在街上找个酒肆就地解决。

回到画院之后，张择端便一头扎进了画房里，他心里已经有了一个大胆的想法，他要把有着百万人口的超级大都市汴梁城画在一张画里。张择端凭借着自己的画艺和毅力，历时数年，终于完成了这幅鸿篇巨作。当这幅画呈上去的时候，宋徽宗惊呆了：在错落有致的街道和院落里，花草树木、亭台楼阁呼之欲出，川流不息的人群里，男女老少、行商坐贾应有尽有，仿佛看画的人都能够闻得到空气里弥散的酒香、茶香，听得见熙熙攘攘的人群里传出来的歌声和笑声……

宋徽宗对着画作不住地点头、赞叹，他高兴地说："在朕的统治下，汴梁城繁花似锦，百姓们安居乐业，我们大宋王朝一派清明景象啊！"于是，他用标志性的瘦金体在长卷上题写了"清明上河图"五个字，还专门加盖了皇帝专用的印章，宋徽宗成了《清明上河图》的第一位收藏者。

可是，宋徽宗或许到离世的那一天也没看透这幅画，《清明上河图》从表面上看，确实是表现了一片繁荣兴旺的图景。不过，在画作的很多细节上，画家张择端却画出了当时社会的种种弊端，比如画面上有懒惰的士兵、不设防的城门、泛滥（fàn làn）的酒患、奸商囤粮等现象。后世的学者认为，张择端实际上是"以画谏君"，只不过昏庸的宋徽宗看不出画中的玄机，枉费了作者忧国忧民的一片苦心。

生词学习

熙熙攘攘（xī xī rǎng rǎng）：形容人来人往，非常热闹。

敷衍（fū yǎn）：表面应付，搪塞责任。

泛滥（fàn làn）：江河湖泊的水溢出，比喻坏的事物不受限制地流行。

百炼成金

知识考点

张择端字正道，创作了名画《清明上河图》。

默写练习

xī xī rǎng rǎng

（　　　　　　　　）的街景

cuò luò yǒu zhì

（　　　　　　　　）的街道

作品赏析

《清明上河图》

《清明上河图》是中国十大传世名画之一，它是北宋风俗画，现藏于北京故宫博物院。它以长卷形式记录了北宋都城的繁荣景象，内容丰富，描绘东西繁多；结构严谨，繁而不乱，长而不冗，段落分明；场面宏大，细节精妙，在中国乃至世界绘画史上都是独一无二的。

赵孟頫 不拘一格的“书法全才”

赵孟頫

1254 — 1322

字子昂，号松雪道人

宋末元初书法家、画家、诗人；书法被称为“赵体”，“楷书四大家”之一

代表作《古木竹石图》

赵孟頫是宋朝皇室之后，祖父、父亲都是南宋朝廷的官员，家里是名门贵族。父亲非常重视赵孟頫的教育，他从 5 岁开始读书习字，在同龄的小伙伴都满世界疯跑玩耍的时候，他常常安静地待在书房里读书、练字。

这种富庶安稳的日子在赵孟頫 11 岁的时候戛然而止，他的父亲在这一年去世了。没有了收入来源，一大家子人的生活逐渐陷入窘（jiǒng）境。这个时候的赵孟頫已经懂事，他时常安慰母亲，并且一直没有中断自己的学业。

公元 1267 年，年仅 14 岁的赵孟頫得到了一个做官的机会。虽然官职不大，但是有稳定的俸禄可以拿，这对于这个家庭无疑是雪中送炭了。公元 1279 年，南宋彻底灭亡。赵孟頫也从贵公子变成了失业游民。他回到吴兴老家，开始了隐居生活。

赵孟頫回乡之后，虽然赋闲在家，但是对于书法、绘画的热爱，让他每一天都过得非常充实。他跟着当地一位姓钱的同乡学习绘画，而且还不断地找来历代名家的书帖反复临摹和学习。经过多年的努力，他的书法和绘画技艺进步惊人，成为当时的“吴兴八俊”之一，在江南一带非常有名气。

一天，当地一位姓田的书法家在街上买到了一幅唐人的字，他拿着这

幅字来拜访赵孟頫，并想请赵孟頫帮忙给题字。赵孟頫接过字一看，忍不住笑起来："这是我几年前临摹的，没想到也被别人给拿到街上去卖钱了。"可见，当时的书法圈里，赵孟頫的字已经颇受欢迎了。

赵孟頫最厉害的一点是，他能够从古帖里吸收营养，能够敏锐而准确地抓住前人书法的精华，并且巧妙地融合到一起，形成自己的风格。后人称他的字为"赵体"，并推举他为"楷书四大家"之一，其他三大家分别是"欧体"欧阳询、"颜体"颜真卿、"柳体"柳公权。

赵孟頫写字非常看重执笔的力道，他常说，力道对于写字，就好比火候对于烹饪一样，至关重要，只有执笔有力，写出来的字才能够有气魄和神韵。当时书法圈里的人都知道，赵孟頫写字的时候，没有人能趁他不备从他的手里突然把笔给抽走。

常言说酒香不怕巷子深，赵孟頫的名气和才学很快引起了元朝朝廷的注意。公元 1286 年，赵孟頫应元朝朝廷的邀请来到北京，元世祖忽必烈亲自接见赵孟頫，他被赵孟頫身上散发出来的江南文人特有的儒雅气质深深地吸引了，高兴地称赵孟頫为“神仙中人”，并任命他为兵部侍郎，为正五品官员。然而，赵孟頫毕竟是南宋皇族的遗民，这一身份，让他始终无法掌握太多实权。

1292 年，赵孟頫终于找到了一个机会，向朝廷请假回到了家乡。无官一身轻的赵孟頫，像是重新回归天空的飞鸟，又找回了当年寄情于书画的自由和洒脱。他的书画创作也是在这个阶段达到了一个高峰，他在书画界的名气越来越大。赵孟頫画画主张以气韵取胜，他的画，无论是人物、鸟兽，还是山水、花卉，抑或亭台、街市，都别有一番风韵，与宋徽宗当年那种刻意求实的画风差异明显，影响了元代及清代的很多画家。

在书法艺术上，赵孟頫同样不拘一格，行书、草书、篆（zhuàn）书、隶书等都是当时的一绝，是一位不折不扣的“书法全才”。如果当年艺术界有十项全能比赛的话，赵孟頫无疑是夺魁者。

生词学习

jiǒng
窘境 十分为难的处境；困境。

zhuàn
篆书 汉字的一种字体。篆书分为大篆和小篆。

百炼成金

知识考点

赵孟頫字子昂，号松雪道人。宋末元初书法家、画家、诗人。他的书法被称为“赵体”，他是公认的“楷书四大家”之一。

默写练习

xuě zhōng sòng tàn

无疑是（　　　　　　　　　）

bù jū yī gé

同样（　　　　　　　　　）

bù zhé bù kòu

（　　　　　　　　　）的全才

作品赏析

《古木竹石图》

《古木竹石图》是赵孟頫创作的绢本墨笔画，现藏于北京故宫博物院。赵孟頫将书法的用笔融于绘画之中，主张“书画同源”，即以书入画。这对后世画坛影响巨大，此图即体现了这一理论，是赵孟頫晚年代表作之一。

文徵明 大器晚成，独自闪耀

文徵明

1470 — 1559

号衡山居士，世称“文衡山”

在画史上与沈周、唐寅、仇英合称“明四家”；在文学上，与祝允明、唐寅、徐祯卿并称“吴中四才子”

代表作《中庭步月图》

文家是江苏苏州非常有名气的书香之家，文徵明的爷爷是明成化年间的举人，父亲和叔叔都是成化年间的进士，家里常常名人雅士盈门。按说，有如此优越的家庭条件，文徵明一出生就已经“赢在了起跑线上”，可文徵明身上，偏偏没有要“跑”的迹象，连“走”都成问题。直到六七岁，文徵明才学会走路，八九岁的时候仍然口齿不清。

文家上上下下都为这个发育迟缓的孩子感到忧心，唯独文徵明的父亲对儿子很看好：“他只是大器晚成而已，用不着大惊小怪。”就如父亲所说，文徵明长到十岁的时候，整个人好像突然就开窍了，几个月前说话时还经常咬到自己舌头，很快却能“日记数千言”，而且还展现出了不凡的赋诗作文的能力。

文徵明早年间的大部分时间都和父亲生活在一起。除了让挑选的老师给儿子上课之外，父亲不论是与朋友们吟诗论道，还是在任上，都喜欢把文徵明带在身边，他希望借此来开阔儿子的眼界，增长他的见识。事实证明，跟这些高士鸿儒（hóng rú）学习和接触，文徵明受益匪浅。他在绘画方面最初一直跟随沈周学习，后来又潜心学习赵孟頫、王蒙、倪瓒（ní zàn）等大师。他的画作惜墨如金，画面清新雅致，在设色上有赵孟頫的韵味，又有自己的独特风格。文徵明的努力没有白费，他后来成为继沈周之后“吴

门画派”的当家人。

在书法方面，文徵明早年学习苏轼和李应祯，后来又遍学名家，在篆、隶、楷、行、草等书体上都有非凡的造诣。文徵明尤其擅长行书和小楷，他的书法作品用笔极严谨，即便到了八九十岁的高龄，也不曾含糊过一笔一画，每一个字都按部就班、节奏沉稳，就如同他一生的经历，从不张扬和造作，始终按照自己的节奏一步一步走上人生巅峰。

公元 1510 年后，“吴中四才子”就只剩下文徵明一个人，徐祯卿、祝允明和唐寅都已经相继离开了人世。文徵明作为四个人当中最没有个性、开窍最迟的一个，像夜空中的明星，又独自闪耀了三分之一个世纪。

文徵明晚年，向他求取诗文书画的王公贵族踏破门槛。文徵明基本上都予以回绝，不管对方出多少银钱，他始终坚持自己的“三不画”：不给藩王、权贵、外国人写字作画。但是，如果是邻里亲友求画，无论带来多不值钱的礼品，文徵明总是来者不拒，欣然为对方写字作画。

因为文徵明的书画作品极受追捧，当时民间出现了大量赝品。然而，非常奇怪的是，文徵明从来不打假，但凡有人拿着书画上门请他鉴定，他一概说是真迹，有时还会在伪作上题上自己的名号。弟子们非常不理解，文徵明笑着解释："这些卖画的人，大多都是因为家境困难急等着用钱，如果我的一句话能够帮助他把画卖出去，助人于危困，又何乐而不为呢？"

1559 年，已 90 岁高龄的文徵明写字写到一半的时候，好像有预感一样，轻轻地搁下了笔，慢慢地把身体坐正，然后闭上眼安详地离开了人世。

生词学习

鸿儒（hóng rú）：学识渊博的学者。

倪瓒（ní zàn）：元代画家。瓒：玉的一种。

百炼成金

知识考点

文徵明号衡山居士，世称“文衡山”。在画史上，与沈周、唐寅、仇英合称“明四家”；在诗文上，与祝允明、唐寅、徐祯卿并称“吴中四才子”。

默写练习

hóng rú

这些高士（　　　　）

shòu yì fěi qiǎn

文徵明（　　　　　　　）

作品赏析

《中庭步月图》

《中庭步月图》是文徵明63岁时创作的墨笔画，现藏于南京博物院。该画所描绘的后庭院中赏月的主题，是历代绘画作品中少见的。画作笔墨洒脱，明秀静雅，细净工整而又气象清旷，是文徵明画风成熟的代表性作品。

徐渭 书林中的侠客，泼墨画里的大师

徐渭

1521 — 1593

字文长，号青藤道士

与解缙（xiè jìn）、杨慎并称“明代三才子”；中国“泼墨大写意画派”创始人、“青藤画派”鼻祖

代表作《墨葡萄图》

徐渭出生在一个衰落的大家庭，出生没多久，父亲就撒手人寰（huán）。他的亲生母亲地位低下，后来又被父亲的正妻赶出了家门。因此，徐渭得不到家庭温暖，更像是寄人篱下。

据记载，徐渭从小天资聪慧，而且身材样貌也很出众，六岁读书，八九岁就能写八股文，深得周围文人的称赞和喜爱。一次，当地一个姓刘的知县看了徐渭的文章非常高兴，提笔在文章上写了很多赞美之词，并且叮嘱徐渭要多读书，要有大志向。于是有人说徐渭是“文曲星”下凡。

徐渭十分好学，他四处拜师，学习戏曲、书法、古琴、绘画和剑术，是一位名扬乡里、多才多艺的青年才俊。二十岁的时候，他考取了山阴县的秀才，拿到“乡试”的入场券。二十三岁那年，徐渭满怀期待地去杭州应试，结果名落孙山，失魂落魄地回到山阴，不久，妻子又因为肺病离开了人世。一再的失意和变故让徐渭深受打击，于是他独自搬到了山阴城东，租了几间房屋办起了学馆，勉强维持生计。后来，他先后八次参加乡试，但每一次都铩（shā）羽而归，正应了那句话：“身上有文采，命里无科第。”

如果我们认为徐渭只是一介书生，那就大错特错了。1554 年到 1555 年，倭寇袭扰山阴，徐渭亲身参与了抗倭战役。他有勇有谋，表现果敢，乡民们对他都交口称赞。1558 年，徐渭被兵部右侍郎胡宗宪招至麾（huī）

下，成了一位出谋划策的幕僚。胡宗宪按照徐渭出的主意，很快剿灭了一批多年骚扰东南沿海的海盗，徐渭因此得了个“书林中的侠客”的名号。

1562 年，胡宗宪因牵扯严嵩案，被打入大牢，后来在狱中自杀。徐渭失去依靠，辗转回到了山阴老家。在家乡，他常常游历山水、创作书画，聊以慰藉自己的身心。二十年间，他的足迹遍布天目山、南京等地，留下了四百余篇诗文和大量的书画精品，艺术创作达到了巅峰。

徐渭尤其擅长以泼墨来表现花卉。他画的泼墨牡丹、泼墨葡萄，尽管不用其他色彩，但画面的布局、神韵和气势常常让人拍案叫绝。著名书画家齐白石曾经感叹道：“恨不生三百年前，为青藤磨墨理纸。”这里的“青藤”是徐渭的别号。可见后人对徐渭泼墨画技艺的敬仰之情。

晚年的徐渭以卖画为生，生活依旧孤独困苦。他曾经自嘲说：“几间东倒西歪屋，一个南腔北调人。”公元1593年，徐渭在贫病孤苦中逝去。临终时，身边只有一条狗陪着他，床上连像样的被子都没有。

生词学习

缙（jìn）：红色的丝织品。

麾（huī）下：部下。麾是古代指挥军队用的旗子。

撒手人寰（huán）：离开人世，即死亡。人寰：人间。

铩（shā）羽而归：铩羽：羽毛摧落，比喻失败或不得志。指失败或不得志而归。

百炼成金

知识考点

徐渭字文长，号青藤道士。与解缙、杨慎并称“明代三才子”。中国“泼墨大写意画派”创始人、“青藤画派”鼻祖。

默写练习

sā shǒu rén huán

父亲便（　　　　　　　　）

jì rén lí xià

更像是（　　　　　　　　）

huī xià

招至（　　　　）

作品赏析

《墨葡萄图》

《墨葡萄图》是徐渭创作的一幅纸本水墨画，是徐渭传世画作之一，现藏于北京故宫博物院。作品中，一串串晶莹的葡萄挂在枝头，笔墨饱满，酣畅淋漓，不刻意追求形似，而是追求神似，是徐渭的代表作品。

朱耷 以眼白示人的八大山人

朱耷（dā）

1626 — 约 1705

字刃庵，号八大山人；朱元璋十世孙，明亡后出家为僧；

中国画一代宗师

代表作《荷石水鸟图》

朱耷出生于江西南昌宁王府，刚一落生，所有人都吃了一惊，只见这个小小的婴孩，长了一对大耳朵，这耳朵比一般人的大出两圈。民间传说，耳大有福，大家纷纷议论："这孩子将来必定会大富大贵！"朱耷的父亲乐得合不拢嘴，最后干脆给儿子起名叫"朱耷"，耷的字形是"大"和"耳"组在一起，字义上也是大耳朵的意思。

朱耷从小聪明过人，7 岁就能够作诗，11 岁的时候就能执笔作画，后来参加乡试又轻松考中了秀才。家世显赫、能写会画，少年时代的朱耷可谓自带光环。可惜命运弄人。公元 1644 年，明朝灭亡，朱耷这样的宗室后裔成了被清军铁骑四处搜捕扑杀的"残党余孽"。为了生存，朱耷在 23 岁时落发为僧。

出家之后的朱耷，一面参禅悟道，寻求心灵上的慰藉，一面寄情于作画，疏解心中的苦闷。公元 1659 年，朱耷的花鸟画技艺已经非常精湛，并逐渐形成了自己的风格。国破家亡带来的伤痛，始终让朱耷不能释怀，郁积在胸中的情绪化作一幅幅风格另类夸张的画作，呈现在世人面前。朱耷笔下的动物个个都是"表情帝"，而且都喜欢做一个同样表情，那就是"翻白眼"。小到鸡鸭鱼狗，大到驯鹿灰驴，看起来都好像是以眼白示人，一副桀骜不驯（jié ào bù xù）的神情。显然，这是朱耷在借动物的表情来表达自己对清朝廷的怨恨、不满和绝不屈服。

朱耷喜欢和普通百姓交往，摆摊卖肉的屠夫、渔樵为生的乡亲，只要投缘，他可以慷慨地画画送给对方，分文不取。很多权贵得知朱耷的名声之后，有意要结交他，有的甚至愿意出高价买他的画，不过都被朱耷拒绝了。

有一次，一个有钱人找到朱耷，出高价让朱耷给刻一个印章，软磨硬泡、威逼利诱，朱耷就是摇头。这个有钱人没办法，拿出一匹名贵的绫绢，说愿意送给朱耷。朱耷低头看了看，不以为然地说："这东西在你那里或许很贵重，如果给我的话，只配做袜子穿。"后来，不堪其扰的朱耷开始装疯卖傻，他在自己的扇子上、门上都写了一个大大的"哑"字，从此便

不再开口说话。他还把自己的僧袍点着，光着脚在大街上疯跑，所有人都觉得他疯了。

60 岁时，朱耷开始使用“八大山人”的名号，并一直延续到晚年。他常常在绘画题字的时候，故意把“八大”两个字挤在一起，看起来既像笑的表情又像哭的表情，以此来抒发自己悲愤的情绪。在朱耷的心中，他始终不可能与清廷统治下的世界达成和解。

公元 1700 年，已过古稀之年的朱耷心情日趋平和，尽管画作之中的小鱼、小鸟还是“翻着白眼”，不过神态上多了些许安静，画作中动物的数量也多了起来，动物和动物之间似乎也多了一些交流。八大山人此时的用笔更加简练、老到，几乎到了不能再少一笔的境地，而且还能做到形、神、意兼备，常常让观者拍案叫绝。

晚年的八大山人一直独居在自己修筑的“草堂”。公元 1705 年，老人终于安详地合上了双眼，永远地离开了世界。

生词学习

耷（dā）大耳朵；向下垂。

桀骜不驯（jié ào bù xù）性情强暴倔强，不受管束，不驯顺。

百炼成金

知识考点

朱耷字刃庵，号八大山人，朱元璋十世孙，中国画一代宗师。

默写练习

jié ào bù xù

一副（　　　　　　　　）的神情

pāi àn jiào jué

常常让观者（　　　　　　　　）

作品赏析

《荷石水鸟图》

《荷石水鸟图》是朱耷创作的纸本墨笔画，现藏于北京故宫博物院。画中荷叶下一只水鸟栖于孤石上，成为全图之焦点，作者孤寂凄凉的处境由此跃然纸上。

石涛 偏爱苦瓜的大艺术家

石涛

约 1642 — 约 1707

原姓朱，名若极，小字阿长

与弘仁、髡（kūn）残、朱耷合称“清初四僧”；既是绘画实践的探索者、革新者，又是艺术理论家

代表作《兰竹当风》

石涛的原名叫朱若极，父亲叫朱亨嘉，是明朝的第十一代靖江王。公元 1644 年，明朝灭亡，石涛的父亲在各路藩王的内斗中失败被杀，他也遭到搜捕追杀。同时，刚刚入关取代了明朝的清廷也正派兵四处捉拿像他这样的明皇族后裔。就在生死存亡的紧要关头，年幼的石涛被一名宦官救出，一路躲躲藏藏，最后去全州的湘山寺出家当了和尚，法名原济，字石涛。而救他的宦官取字喝涛。

石涛的童年虽然是在深山古寺里度过，但是生活并不压抑凄苦，寺庙里的住持长老和僧侣们对他都特别关照，喝涛更是对他呵护备至，生怕他受一点点委屈。石涛小小年纪，就显露出聪慧不凡的一面。他性格刚强、胆识过人，充满了求知的欲望，特别喜欢阅读各种各样的古书，寺僧和喝涛就一摞摞地把寺里的书籍搬给他看。

除了看书，石涛对临帖和画画也很感兴趣，尤其喜欢颜真卿的作品，常常对着字帖一坐就是大半天。后来有人告诉石涛，除了颜真卿，还可以学学董其昌。于是，他又转而学习董其昌的字。石涛作画的题材非常广泛，山水、人物、鸟虫、花卉，遇到什么画什么。十二三岁的时候，石涛已经在画画方面显示出了惊人的才能，见过他作品的人都惊叹，觉得这个孩子将来必成大器。

大约 1664 年，石涛和喝涛一起离开生活了十余年的古寺，踏上了游方之旅。他们先后游历了湘江、长江、松江、黄山、庐山、西湖、洞庭湖等名山大川。在驻留黄山期间，石涛被黄山的古松、怪石、奇峰深深地吸引，曾经动情地说："黄山是我师，我是黄山友。"并画了大量黄山题材的画作。除此之外，石涛还拜访了众多名家大师，画技越来越高超。

1689 年，石涛来到了京城，尽力结交很多上层官吏。为了达到目的，石涛慷慨地为官吏们作画，绘画技艺也更加炉火纯青。石涛满怀期待，希望能经人举荐谋个官职，成就一番事业。可官员们结交他，大多是为了要画，在他们眼里，石涛终究是一个画僧而已。时间一长，石涛自己也看清了这一点。

1692 年，50 岁的石涛心灰意冷地离开了京城，来到了扬州定居，并以卖画为生。58 岁的时候，石涛遇到了著名的“八大山人”朱耷。朱耷的品格使他深受触动，他就不再避讳（huì）自己的身世，在自己的画作上第一次使用了真名：若极。

不过，他还是更喜欢“苦瓜和尚”这个名号。据说，石涛餐餐不离苦瓜，甚至还把苦瓜供奉案头朝拜。他对苦瓜的这种感情，与他的经历、心境有密不可分的关系。晚年，石涛完成了那部名满天下的《苦瓜和尚画语录》，这是一部极富创新精神的绘画理论著作，对后世的绘画发展产生了非常深远的影响。

生词学习

髡（kūn）：古代一种把头发剃光的刑罚。

避讳（huì）：旧时为了维护等级制度的尊严，说话写文章时遇到君主或尊亲的名字都不直接说出或写出，以表尊重。

百炼成金

知识考点

石涛与弘仁、髡残、朱耷合称“清初四僧”，他既是绘画实践的探索者、革新者，又是艺术理论家。

默写练习

hē hù bèi zhì

对他（　　　　　　　　）

lú huǒ chún qīng

更加（　　　　　　　　）

作品赏析

《兰竹当风》

《兰竹当风》被誉为石涛“第一墨竹”，是张大千钟爱之作。画中题诗托物言志，将隐士的文人趣味浓缩在了当风乱竹中。郑板桥曾云：“石涛画竹，好野战。”意思是看着混乱一片，规律尽在其中。

郑板桥 既难得糊涂又明码标价

郑板桥

1693 — 1766

原名郑燮（xiè），字克柔，号板桥，人称板桥先生

清代著名书画家、文学家，“扬州八怪”重要代表人物

代表作《墨竹图》

郑板桥的祖上是富户，但到他出生的时候，家境已经开始败落，生活比较清苦。郑板桥的父亲是一位颇有学识修养的读书人，根据《尚书》中记载的“燮友克柔”的字句，他给儿子取名为燮，字克柔，希望他的一生能够以“柔顺”见胜。为了让孩子能够平安健康地长大，家里又给郑板桥取了一个乳名“麻丫头”。

不过，郑燮也好，麻丫头也好，都不如“郑板桥”这个名字流传广泛。他小的时候常去家附近的古板桥上玩，后来离乡漂泊在外，每每思念家乡的时候，总能想起那座古板桥，于是他就给自己起了“板桥”这个别号。

郑板桥学习非常刻苦，经常晚上一个人去附近的寺庙里借着佛灯读书。他读书的兴趣也十分广泛，唐诗、宋词、诸子百家各种典籍都是他学习的对象，这些为他日后的诗文成就打下了坚实的基础。

除了读书，郑板桥还特别喜欢画画，苏轼、石涛等人都是他非常敬仰的大师。后来，郑板桥到毛家桥读书，那个地方有非常多的竹子，从书房中一抬眼就能看到，这为他画竹提供了非常便利的条件。相传，郑板桥为了画竹子，专门在自己的窗户上糊上白纸，当白天的日光或者是晚上的月光照到竹子上的时候，竹子的影子刚好投射到了窗纸上。窗外竹叶、竹竿在或急或缓的风中摇曳（yè），窗上的竹影则成为一幅幅天然、动态的画卷，时间一长，郑板桥自然就胸中有成竹、下笔如有神了。

1736年，郑板桥考中了进士，此后他在山东做了12年的知县。人们常说知县是“父母官”。郑板桥当县官，当得起“父母”二字，他特别关心百姓的疾苦，常常穿着便服、草鞋到田间地头去访察民情。郑板桥自己的生活非常俭朴，可以说是节衣缩食，但却常常拿出自己的俸禄来接济穷苦的百姓。

有一年夏秋之交，山东一带闹了严重的蝗灾，很多老百姓被饿死，甚至出现了人吃人的现象。郑板桥看到后，当即决定开仓放粮，赈济灾民。他的属下劝阻他：按照大清的律例，放粮之前需要请示上级，获得批准才可行动。郑板桥说：“百姓们能挺到上级批准的那一天吗？有什么责任，我来承担！”于是，他迅速地发放了一批粮食，并且发动当地的一些富户开办粥厂，把粥免费分发给灾民，使得近万人免于被活活饿死。

郑板桥的刚正、清廉换来了老百姓的交口称赞，但在复杂的官场上却受到打击，很多恶人故意嘲讽、刁难他。郑板桥一面以嬉笑怒骂的方式来进行回应和抗争，另一方面也感到“治国平天下”的壮志难酬。正是在这样一种心境之下，他写下了世人熟知的“难得糊涂”。之后，便辞官重返扬州，以卖画为生。

郑板桥卖画，不像历来文人画家那样遮遮掩掩。他制定《板桥润格》，成为中国画家明码标价卖画的第一人。“大幅 6 两，中幅 4 两，小幅 2 两，条幅对联 1 两，扇子斗方 5 钱。凡送礼物食物，总不如白银为妙；公之所送，未必弟之所好也。送现银则心中喜乐，书画皆佳。礼物既属纠缠，赊（shē）欠尤为赖账。年老体倦，亦不能陪诸君作无益语言也。”明明是俗不可耐的事，但经郑板桥一说，让人觉得俗得真实和有理。

郑板桥晚年的书画作品体现出了人生历练后的别样风味，他自创的“六分半书”，也有人干脆称之为“板桥体”，常给人以乱石铺街的意象，但细看之下，字里行间透露出一种独特的美感，很多人有意模仿，但往往很难形神兼具。

生词学习

燮（xiè）：调和。姓。

摇曳（yè）：形容东西在风中轻轻摆动的样子，也指优游自得的样子。

赊（shē）欠：买卖货物时买方延期交款，卖方延期收款。

百炼成金

知识考点

郑板桥原名郑燮，字克柔，号板桥，人称板桥先生。清代著名书画家、文学家。“扬州八怪”重要代表人物。

默写练习

yáo yè

竹叶在风中（　　　　）

xī xiào nù mà

以（　　　　　　　）的方式

shē qiàn

（　　　　）赖账

作品赏析

《墨竹图》

竹是郑板桥一生的最爱，他沉浸画竹四十年，自创“眼中之竹、胸中之竹、手中之竹”的画竹理论。《墨竹图》现藏于四川省博物馆，是郑板桥画竹的代表作之一，寥寥数笔，便使人如入一片青郁葱翠的竹林。

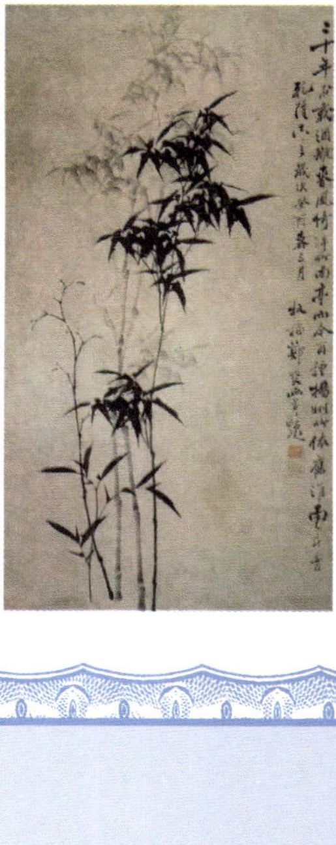

本册人物 ▸▸▸

人物	时间	成就
师旷	春秋	著名音乐家，有“乐圣”之称；相传是古曲《阳春》《白雪》的创作者
王羲之	东晋	著名书法家，有“书圣”之称；代表作《兰亭集序》被誉为“天下第一行书
王献之	东晋	“书圣”王羲之第七子；与父亲并称“二王”，有“小圣”之称；代表作《中秋帖》
顾恺之	东晋	中国画祖；人称“三绝”：才绝、画绝和痴绝；代表作《女史箴图》《洛神赋图》
欧阳询	唐代	著名书法家，与虞世南、褚遂良、薛稷并称“初唐四大家”；代表作有《九成宫醴泉铭》《皇甫诞碑》《化度寺碑》等
吴道子	唐代	著名画家，被后人尊称为“画圣”；代表作《送子天王图》
颜真卿	唐代	创“颜体”楷书，对后世影响很大；与赵孟頫、柳公权、欧阳询并称为“楷书四大家”；又与柳公权并称“颜柳”，被称为“颜筋柳骨”；代表作《祭侄文稿》
怀素	唐代	以“狂草”名世，史称“草圣”；与唐代书法家张旭齐名，合称“颠张狂素”；代表作《自叙帖》
柳公权	唐代	自创“柳体”，后世有“颜筋柳骨”的美誉；代表作《玄秘塔碑》
贯休	唐末五代	诗、书、画三栖的僧人；代表作为《十六罗汉图》
米芾	北宋	书法家、画家、书画理论家；与苏轼、黄庭坚、蔡襄合称“宋四家”；代表作《蜀素帖》
张择端	北宋	代表作《清明上河图》
赵孟頫	宋末元初	书法家、画家、诗人；书法被称为“赵体”，“楷书四大家”之一；代表作《古木竹石图》
文徵明	明代	在画史上，与沈周、唐寅、仇英合称“明四家”；在文学上，与祝允明、唐寅、徐祯卿并称“吴中四才子”；代表作《中庭步月图》
徐渭	明代	与解缙、杨慎并称“明代三才子”；中国“泼墨大写意画派”创始人、“青藤画派”鼻祖；代表作《墨葡萄图》
朱耷	明末清初	号八大山人；朱元璋十世孙，明亡后出家为僧；中国画一代宗师；代表作《荷石水鸟图》
石涛	清代	与弘仁、髡残、朱耷合称“清初四僧”；既是绘画实践的探索者、革新者，又是艺术理论家；代表作《兰竹当风》
郑板桥	清代	人称板桥先生；清代著名书画家、文学家，“扬州八怪”重要代表人物；代表作《墨竹图》

图书在版编目（CIP）数据

陪孩子玩转中国史 . 3, 传世艺术家 / 文海 编著 . —北京 : 东方出版社 ,
2022.9

ISBN 978-7-5207-2955-0

Ⅰ . ①陪…　Ⅱ . ①文…　Ⅲ . ①中国历史－少儿读物 ②艺术家－生平事迹－中国－古代－少儿读物　Ⅳ . ① K209

中国版本图书馆 CIP 数据核字 (2022) 第 153851 号

陪孩子玩转中国史 . 3，传世艺术家
(PEI HAIZI WANZHUAN ZHONGGUOSHI . 3，CHUANSHI YISHUJIA)

编　　著：文　海
责任编辑：辛春来
策　　划：闫　冬
封面设计：胡振宇
美术设计：壹点插画工作室
插画绘制：王梦婕　贾迎欣　刘　冲
艺术指导：李朋威　李春华
出　　版：东方出版社
发　　行：人民东方出版传媒有限公司
地　　址：北京市东城区朝阳门内大街 166 号
邮　　编：100010
印　　刷：三河市嘉科万达彩色印刷有限公司
版　　次：2022 年 9 月第 1 版
印　　次：2022 年 9 月第 1 次印刷
印　　张：20（全四册）
开　　本：700 毫米 ×1000 毫米　1/16
字　　数：256 千字（全四册）
书　　号：ISBN 978-7-5207-2955-0
定　　价：100.00 元（全四册）
发行电话：(010) 85924663　85924644　85924641

陪孩子玩转中国史

传世思想家

文海 编著

人民东方出版传媒
People's Oriental Publishing & Media
東方出版社
The Oriental Press

图说历史

周文王姬昌
约前1152—前1056
编成《周易》一书
成为传统文化经典

老子
生卒年不详
道家学派创始人
代表作《道德经》

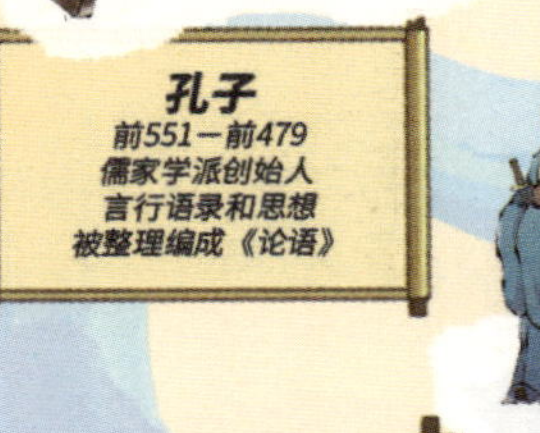

孔子
前551—前479
儒家学派创始人
言行语录和思想
被整理编成《论语》

孙武
约前545—约前470
春秋时期著名军事家
被称为“兵家至圣”
著有《孙子兵法》

墨子
前476或
前480—前390或前420
墨家学派创始人
言行语录主要收录
在《墨子》中

孟子
约前372—前289
战国时期思想家，教育家
儒家学派的代表人物
言论著作收录于《孟子》

庄子
约前369—前286
战国时期思想家
道家学派的代表人物
与老子并称“老庄”

韩非
约前280—前233
法家集大成者
作品有《韩非子》

董仲舒
前179—前104
西汉时期儒学大家
提出“罢黜百家
独尊儒术”

思想的故事
范缜
约 450—515
南北朝时期思想家、哲学家
著作《神灭论》
是中国古代思想史上
具有划时代意义的不朽作品
周敦颐
1017—1073
宋代思想家、文学家
宋朝理学思想的开山鼻祖
张载
1020—1077
北宋思想家、教育家
创立“关学”
朱熹
1130—1200
南宋理学家、思想家
理学集大成者
著有《四书章句集注》等
王守仁
1472—1529
世称阳明先生
明代著名思想家
作品有《传习录》等
王夫之
1619—1692
人称“船山先生”
著有《周易外传》
《读通鉴论》等
黄宗羲
1610—1695
著有《明儒学案》《宋元学案》
《明夷待访录》等
顾炎武
1613—1682
被誉为清学开山始祖
著有《日知录》等
魏源
1794—1857
清代启蒙思想家
近代中国
“睁眼看世界”的知识分子代表

被称为“儒学集大成者”的南宋思想家朱熹，有过一句名诗，今天的人们耳熟能详，那就是——问渠那得清如许？为有源头活水来。

就文化思想而言，“活水”就是新鲜的环境、新鲜的问题。故而在中国文化思想史上，往往越是大变革、大动荡的时代，文化思想就越活跃，创新越多。最典型的是春秋战国时期。

春秋战国时期，是中国文化的奠基时期，也是古代思想史上最灿烂的时代。儒道法墨，“百家争鸣”，思想史上所讨论的大部分问题，都已经在这一时期提出；后世的诸多学说，也往往可以追根溯源到这里。

代表人物如孔子、孟子、荀子；老子、庄子；墨子、孙子、韩非子……他们为后世开创出一道道宽广而深邃的思想长河。

汉武帝时代，董仲舒提出“罢黜百家，独尊儒术”，儒家学说逐渐成为统治者的主流思想，一枝独秀。偶有一些异端和反动，也无法撼动儒学的统治地位。

魏晋南北朝时期，出现中国历史上第一次人性的觉醒，其思想成就多体现在文学和艺术创作之中。唐朝的开放与繁荣，也促进了文化思想的灿烂，其成果同样主要体现在文学上。直到宋明时期，出现儒学的又一个理论高峰，即宋明理学，朱熹、王阳明等便是这一时期的代表人物。

明末清初，家国之变，使得知识分子痛定思痛，出现了王夫之、黄宗羲、顾炎武等启蒙思想家。晚清，随着西方列强入侵，又一大变革时代到来，魏源的思想便是早期的典型。

目录

周文王　三代之英，为民守中 002

老子　无为而治，不言之教 006

孔子　至圣先师，无冕之王 010

孙子　内可治身，外可应变 014

墨子　兼爱非攻，侠肝义胆 018

孟子　尽心知性，养浩然之气 022

庄子　内圣外王，物我两忘 026

韩非子　君主无为，法无不为 030

董仲舒　罢黜百家，为儒者宗 034

范缜　形存神存，形谢神灭 038

周敦颐　月岩悟道，义理精微 042

张载　横渠四句，辉耀千古 046

朱熹　格物致知，重建道统 050

王守仁　龙场悟道，知行合一 054

王夫之　清风有意，明月无心 058

黄宗羲　海内鸿儒，民治先锋 062

顾炎武　天下兴亡，匹夫有责 066

魏源　变古愈尽，便民愈甚 070

周文王 三代之英，为民守中

周文王

约前 1152 — 前 1056

姬姓，名昌，周武王姬发灭商建周后，追尊其为周文王

姬昌被囚禁时，编成《周易》；中华文明中至关重要的“中”“和”理念，也都源自周文王

在中国传统文化体系中，八卦（guà）相当于地基，不论是后来的儒家，还是道家、兵家、阴阳家、医家，都必须精通阴阳八卦。那神奇的八卦是怎么回事？又是哪位思想家将八卦推演出来的呢？

传说中，伏羲（xī）是部落中最聪明的人，大家有不明白的事情，都会去问他。有的问题看起来很简单，但却很难回答，比如有小孩子问他：“为什么白天有太阳，夜晚有月亮？”有老人家问他：“我最近不舒服，是不是快死了？”面对这些问题，伏羲也不知道该怎么回答。

这天，伏羲去河边捕鱼，捉到一只大白龟。这只白龟龟壳的花纹十分特别，伏羲仔细端详一阵，一跃而起，连连拍手，说道：“这不正是天地万物运行的道理吗？”他从地上捡起一根树枝，将龟背上的花纹画下来，于是就有了阴阳、八卦。伏羲的时代还没有文字，将原始八卦变为中国文化基石的关键人物，出现在距今三千多年前的商周时代，他就是后来的周文王姬昌。

姬昌是商朝末年的部落首领，也就是周方伯。姬昌即位后，到处寻访贤人。正所谓日有所思，夜有所梦。一天晚上，姬昌睡得迷迷糊糊，梦到一只白熊，白熊到他跟前，向他施礼后，对他说：“西岐那里有您要找的人。”姬昌刚想问更具体的事情，白熊已经消失不见了。醒来后，姬昌占卜一卦，大吉。他就带着几个随从去西岐寻访。

在渭水边，姬昌看到一位老者正在钓鱼。姬昌走到跟前，发现老者的鱼钩是直的！姬昌忍不住问道："您用直钩能钓到鱼吗？"老者微微一笑，道："愿者上钩。"姬昌知道自己找对人了。这个人就是姜子牙。姬昌恭恭敬敬地请回了姜子牙，在他的辅佐下，把部落治理得井井有条。

姬昌在位的时候，正是商纣王当政。纣王暴虐（bào nüè），残害百姓。他宠爱妲己，而妲己也是一个残忍狠毒的人。当时，有一种名叫炮烙的酷刑，在火坑上架着一根窄窄的铜桥，上面涂满油；犯人徒步走在上面，一滑倒就摔下去，掉入火中惨死，旁观者无不心惊肉跳，妲己却哈哈大笑。纣王为了取悦美人，滥用炮烙之刑，百姓苦不堪言。忠心的大臣请求废除酷刑，都被纣王处死了。

姬昌听从谋士建议，献出洛河西岸一块地，向纣王请求废除炮烙酷刑。就这样，纣王得到了土地，姬昌得到了民心。

姬昌在贤士的帮助下，以"笃（dǔ）仁，敬老，慈少，礼下贤者"为

施政原则，带领百姓发展生产，鼓励商业，轻徭（yáo）薄赋，国力日渐强大。纣王看到姬昌势力越来越大，就将他软禁起来。

对于有志向的人来说，苦难是成功的磨刀石；所有吃过的苦到头来都是人生的养分。周文王便是如此。《史记》记载“文王拘而演周易”，讲的就是姬昌被软禁在羑（yǒu）里时的事情。姬昌平时忙于政务，除了管理百姓，还不时有其他诸侯来找他评理断案，所以姬昌是当时见闻最广博的人。他被囚禁之后，不但没有沮丧、焦虑或自暴自弃，反而抓住这段安静独处的时机，将自己的所见所闻，结合先民口耳相传的八卦图，编成《周易》，为伏羲氏的八卦图编写了卦辞、爻（yáo）辞，并将八卦图演算得更为严谨。

八卦用简单的图像和数字，结合阴阳生生不息的演算法则，变化无穷又不离其中。古人用八卦来解释日常生活中的一切。《周易》被后代推为诸子百家之源。直到现在，我们依然能从《周易》中体会到智慧的力量。

孔子曾说：“郁郁乎文哉，吾从周。”《周易》以及“中”“和”的理念，对中国历史有深远的影响。

生词学习

伏羲（xī）：古代传说中的中华民族人文始祖，是中国古籍中记载的最早的王。

卦（guà）：古代用来占卜的工具，是象征自然现象和人事变化的一套符号。

暴虐（bào nüè）：指凶恶残酷。

笃（dǔ）：忠实；一心一意。

羑（yǒu）里：古地名，在今河南汤阴一带。

爻（yáo）：组成八卦中每一卦的长短横道。

百炼成金

知识考点

周文王姬昌被囚禁时编成《周易》；中华文明中至关重要的“中”“和”理念，也都源自周文王。

默写练习

bào nüè

纣王（　　　　）

qīng yáo bó fù

（　　　　　　　）

zì bào zì qì

（　　　　　　　）

名言 / 名句

天行健，君子以自强不息。地势坤，君子以厚德载物。

——《周易》

意思是：君子应该像天（即自然）的运行一样，刚健强劲，奋发图强；应该像大地一样，宽广厚实，承载万物。“自强不息”“厚德载物”今天已作为成语使用。

老子 无为而治，不言之教

老子

生卒年不详

姓李，名耳，字聃（dān）

中国古代思想家、哲学家、文学家和史学家，道家学派创始人和主要代表人物，与庄子并称“老庄”；将“道”提升到形而上的高度，是中华文明的奠基人之一，世界文化名人

代表作《道德经》（《老子》）

老子姓李，名耳。关于他的生卒年，有学者认为他生于春秋时代，早于孔子；也有学者认为他生于战国时代，晚于孔子。

老子传世的作品《道德经》，又名《老子》，成书时间同样是一个谜。有人说是春秋成书，有人说是战国时候才写成，没有定论。1993 年郭店出土的楚简中，《老子》的出土引起学界轰动。根据楚简年代推算，《老子》的成书年代要在战国早期之前。

老子的籍贯也有争议，但生活的地方不出宋、楚。宋是殷商故地，也是孔子的老家，所以在道家的书简中，孔子的名字经常出现，而且每次孔子都是来向老子问学的。孔子第一次向老子问学，发生在公元前 523 年。孔子听说周的藏书阁有一位博古通今的学者，便带着南宫敬，千里迢迢从鲁国出发，问学于老聃。两人初会，宾主都很开心，老子不但将自己所学毫无保留地教给孔子，还将音乐家苌（cháng）弘引荐给孔子。孔子跟随苌弘学习乐律、乐理，还观看祭神、宗庙的典礼。

在老子的传说中，函谷关是一个特别的地方。相传公元前 516 年，周王室发生内乱，他也受到牵连，失去公职，只得归隐。

他骑着一头青牛，打算过函谷关，西游秦国。在函谷关，老子受到函谷关令尹（yǐn）喜的热情招待。原来尹喜（即令尹喜，以官职为姓）之前做了个梦，梦中有飞龙从东方飘来。当他在城楼上见到老子，和梦中所见一样，以为正应了预兆，是有圣人从东方而来。

老子给尹喜讲起历史掌故、天地玄学，滔滔不绝，这让尹喜对老子就是圣人这件事深信不疑。尹喜对老子说：“弟子得到上天启示，有幸遇到您，请您住在函谷关，安心著书。”老子也没推辞，就在函谷关住下来，潜心著述，写成中国文化中最重要的经典之一《道德经》。

《道德经》开篇就是“道可道，非常道；名可名，非常名”。《道德经》既有形而上的宇宙起源问题，探讨天地变化之妙，又有与俗世生活相关的处世之道。尹喜是《道德经》的第一个读者，函谷关也成为道家文化中一个重要的地域符号。老子后来不知所终。

在西汉前期，道家成仙的学说深入人心，这与老子长寿说关系甚大。《史记》说老子活了 160 岁或 200 余岁。道教将老子尊为道祖，乃是“道教最高尊神三清天尊”之一，将《老子》改为《道德真经》，是道教的最基本的经典教义。在道观的三清殿中，供奉着玉清元始天尊、上清灵宝天尊、太清道德天尊，元始天尊居中，太上老君居右位，手执蒲扇。老子从人升为仙格，受到后世敬仰膜拜。

老子认为：“道”是万物起源，道是天地混沌未分的初始态，无为清静，是天地之始，万物之母，为化生万物的根源；道像水一样，是最高的善。道既是宇宙的本体，又是万物的标准，更是人生的准则。这些思想集中于《道德经》中。这是老子对中华文明的最大贡献。老子的思想不仅属于中国人，也是世界文化遗产的一部分。

生词学习

聃（dān）用于人名。

尹（yǐn）姓氏。治理。古代官名。

百炼成金

知识考点

老子姓李，名耳，中国古代思想家、哲学家、文学家和史学家，道家学派创始人和主要代表人物，与庄子并称“老庄”。他将“道”提升到形而上的高度，是中华文明的奠基人之一，世界文化名人。

默写练习

shēn xìn bù yí

(　　　　　　　)

名言/名句

上善若水。水善利万物而不争，处众人之所恶，故几于道。居善地；心善渊；与善仁；言善信；政善治；事善能；动善时。夫唯不争，故无尤。

——《道德经》

这句话的意思是：身居高位者应像自然界的水一样呵护大家。水滋润万物而不与万物争利，身处众人都不愿意待的地方，所以水最接近于“道”。善选居所；待人真诚、友爱和无私；说话恪守信用；能把国家治理好；能把事情处理好；行动善于把握时机。最善的人正因为有不争的美德，所以没有过失，也不会埋怨他人。

孔子 至圣先师，无冕之王

孔子

前 551 — 前 479

名丘，字仲尼，鲁国陬邑（今山东曲阜，陬音zōu）人

中国古代伟大的思想家、政治家、教育家，儒家学派创始人，被后世尊为“大成至圣先师”；开私人讲学之风，带领弟子周游列国，晚年修订六经

言行语录和思想被整理编成《论语》，是儒家经典

文化学家雅斯贝尔斯将公元前500年前后称为人类文明的“轴心时代”，即在地球的不同地方都出现了伟大的精神导师，为各自区域奠定了文明的基调。其中最杰出的有三位，分别是苏格拉底、佛陀释迦牟尼和孔子。

“天不生仲尼，万古如长夜。”孔子用人伦之光点燃了东方文明的火种，薪火相传，直到今天！孔子的祖上是宋国的贵族。他在鲁国出生，因曲阜附近的尼丘山而得名。他排行第二，所以字“仲尼”。

孔子身材高大，是有名的“长人”。春秋时代的童子教育里，骑马、射箭都是必修课，孔子不但文化课成绩好，体育成绩也不差。

20 多岁时，孔子找到了第一份工作 —— 当上了管理仓库的小吏。一年后，上级给他调整了岗位，改作乘田，具体职务是管理牲畜。工作之余，孔子还坚持学习，只要遇到博学广闻的人士，如郯（tán）子、晏（yàn）婴，孔子都会虚心向他们请教。

公元前 517 年，鲁国内乱，孔子逃到齐国，以客卿身份住了两年。孔子在齐国听到《韶》乐，感受到了更高级的精神享受，他说“三月不知肉味”。

孔子特别喜欢音律，欣赏水平极高，相传他曾向著名琴师师襄子学琴，十天后，师襄子说：“可以进入下一个阶段了。”孔子不同意，他说：“我

刚学会了曲子的曲调，但还不懂其内在逻辑。”

又学了一段时间，老师认为他可以进行下一阶段学习，孔子却说他还没弄懂曲子的内涵。又学了一段时间，老师认为他已经弄懂了曲子的内涵，孔子却说他还没能理解作曲家的志向。再经过一段时间学习，孔子向老师讲自己的学习心得：“我仿佛看到曲中人，他是周文王吗？”师襄子站起身来向孔子行礼，说道：“您才是真正的老师，这首曲子正是《文王操》。”

公元前 515 年，孔子回了鲁国。公元前 500 年，孔子任鲁国大司寇（相当于宰相），可谓位高权重。但当时鲁国政治已经积重难返。

公元前 497 年发生了一件事，让孔子彻底灰心，离开政坛。这年春天，齐人给鲁国君臣送了一份大礼 —— 80 名女乐。从此以后，鲁国君臣沉迷于美女歌舞中，国家大小事宜都没人过问。一年一度的郊祭仪式后，居于高位的孔子没收到按例应当分给自己的祭品。孔子明白，鲁国的朝堂已容不下自己，他再次离开鲁国。

从公元前 496 年起，孔子带领弟子周游列国。孔子周游列国期间，遭过兵灾，遇过强盗，还曾在陈国断粮七日，幸亏子贡向楚人求助，楚人派兵解救。这是公元前 493 年发生的事情。

孔子一行风餐露宿，吃尽苦头。难得的是，在这么艰苦的条件下，孔子依然自信且幽默。公元前 492 年，孔子要从郑国去陈国。在郑国都城，孔子跟弟子走散，他只能在东门等待弟子。后来，子贡找到孔子。孔子问子贡是怎么找到自己的，子贡说："是郑国人告诉我的。"

孔子问："郑国人怎么说的？"子贡说："那人说，东门口有一个人，头像尧，脖颈像皋陶（gāo yáo），肩膀像子产，行色匆匆，像一只丧家之犬。"

孔子听了哈哈大笑，说道："说我像古代的贤人，这个比不上。但说我像丧家之犬，确实是这样！"

孔子晚年修订六经，即《诗》《书》《礼》《乐》《易》《春秋》。孔子学说以仁为核心，倡导仁、义、礼、智、信。他的思想对中国和世界都有深远影响。

孔子去世后，他的弟子及再传弟子把他和弟子的言行语录、思想记录下来，整理编成《论语》。书中记录了孔子的政治理想、伦理观念、对公共事务及对教育的基本理念。要了解孔子其人，必须读《论语》。《论语》不仅是儒家学派最经典的著作，也是中国人都应读的典籍。

生词学习

- 陬邑（zōu yì）：地名。
- 郯（tán）：郯城，地名，在山东。
- 晏（yàn）：迟；同"宴"。
- 皋陶（gāo yáo）：相传是舜的大臣，掌管刑狱之事。

百炼成金

知识考点

孔子名丘，字仲尼，儒家学派创始人，后世尊称其为“大成至圣先师”。记录孔子及其弟子言行的《论语》是儒家经典。

默写练习

jī zhòng nán fǎn

已经（　　　　　　　　）

fēng cān lù sù

一行（　　　　　　　　）

名言/名句

子曰：“君子食无求饱，居无求安，敏于事而慎于言，就有道而正焉，可谓好学也已。”

——《论语》

《论语》里的君子是指品德高尚之人，孔子教育弟子们要做品德高尚的人。如何做到呢？他举了几个日常生活里我们常常会忽略的细节：吃食不要求饱足；居所不要求舒适。对所承担的工作勤劳敏捷，而说话则要谨慎。到见识高明的老师那里去匡正自己，这样，可以说是好学了。

孙子 内可治身，外可应变

孙武

约前 545 — 约前 470
字长卿，齐国（今山东）人
春秋时期著名军事家，被称为“兵家至圣”
著有《孙子兵法》

春秋时候，诸侯国最重要的两件国政，就是祭祀与战争。在烽火连天的年月，要有人总结打胜仗的经验，这个人就是孙子。他凭借《孙子兵法》被后人尊为孙子、孙武子、兵圣。《孙子兵法》是中国人的文化遗产，作为“古代第一部兵书”，其中的谋略与智慧被广泛应用于生活的各个方面。

孙武生长在军人家庭，从小学习用兵打仗的各种知识。成年后，他并没能在齐国得到重用。齐景公时，齐国发生内乱，为了避难，孙武逃到吴国。在隐居期间，孙武写成兵书十三篇。

孙武能千古留名，得益于他的一位挚友——从楚国逃亡到吴国、一心要为家人复仇的伍子胥（xū）。伍子胥本是楚国的贵族，父兄被楚平王杀害，他历尽千辛万苦逃到吴国。在隐居的时候，他结识了孙武。

伍子胥看过孙武的兵书，经常与孙武讨论兵法，对他的才学十分钦佩。公元前 516 年，吴王阖闾（hé lǘ）起用伍子胥。伍子胥七次向吴王举荐孙武。吴王看了孙武的兵书，啧（zé）啧称奇。

但吴王还不是特别信赖孙武，其他贵族也对孙武指指点点。为了让孙武证明自己有真才实学，吴王想了一个近似儿戏的考核办法——让孙武训练女兵。

吴王选了一百多名宫女让孙武训练。这些宫女最初并没有将训练当回事，在演武场嘻嘻哈哈，像郊游一样，别说训练了，就连站队都站不好。

孙武并不生气，他不慌不忙，先从女兵中选出两位队长。这两位都是吴王最宠爱的美人，在宫人中地位颇高。之后，孙武任命亲信做监军，负责女兵队的纪律。孙武在校场宣读训练纪律：队形错乱，是队长的责任，当斩。但宫女们根本没当回事。

人事任命之后，孙武便开始正式训练了。女兵们仍然不听号令，继续嬉笑打闹，队形乱七八糟。孙武于是依照军法斩了两位美人，连吴王求情都不管用。

宫女们吓坏了，一改之前的轻慢，立刻认真训练。吴王看到这一变化，相信了孙武的能力。孙武对吴王说：“令行禁止，赏罚分明，是训练队伍的基本法则。治兵从严，才能打胜仗。”

伍子胥和孙武协助吴王阖闾整顿军队，加强训练，购置武器兵马，吴军的战斗力越来越强。

公元前 506 年，孙武献策“因粮于敌”，夺走楚人的军粮，五战五捷，大败楚军，攻入楚国都城郢（yǐng）城，使得伍子胥报了大仇。吴国也得以称霸诸侯。

公元前 494 年，越王勾践攻打吴国。孙武献策，派出诈兵，分为两翼，夜间点起火把，突袭越军。越人大败，勾践不得不向吴求和。

阖闾死后，夫差即位。夫差听信谗言杀害了伍子胥。孙武心灰意冷，退隐乡间，著书立说。死后葬于吴国都城外。

孙武的《孙子兵法》共十三篇，约六千字，内容博大精深，逻辑严谨，是古代军事思想精华的集中体现，是中国古代军事文化遗产中的璀璨（cuǐ càn）瑰宝，被誉为“兵经”“兵学圣典”。

生词学习

胥（xū）古代掌管文书的小官吏。

阖闾（hé lú）春秋末期吴国的国君。

啧啧称奇（zé）咂着嘴称赞奇妙。

郢（yǐng）春秋时期楚国的都城，故址在今湖北江陵西北。

璀璨（cuǐ càn）形容珠玉等光彩鲜明。

百炼成金

知识考点

孙武字长卿，春秋时期著名军事家，被称为“兵家至圣”；著有《孙子兵法》。

默写练习

fēng huǒ lián tiān

（　　　　　　　　）的年月

zé zé chēng qí

（　　　　　　　　）

cuǐ càn guī bǎo

（　　　　　　　　）

名言/名句

夫未战而庙算胜者，得算多也；未战而庙算不胜者，得算少也。多算胜，少算不胜，而况于无算乎！吾以此观之，胜负见矣。

——《孙子兵法》

孙子指出，战争是国家的头等大事，要从长计议，而具体到用兵方略，兵者，诡道也，用兵打仗最讲究筹划。开战之前，交战双方朝堂之上谋算取胜的一方，胜算更大；未开战而筹算取胜把握小，胜算也小。多筹划的取胜，准备不充分的就会失败。何况一点筹划都没做的呢！我根据这些来观察战争，胜败也就清楚了。

墨子 兼爱非攻，侠肝义胆

墨子

前 476 或前 480 — 前 390 或前 420

名翟（dí），宋国人

中国古代的思想家、教育家、科学家、军事家；创立墨家学派

言行语录主要收录在《墨子》一书中

周平王东迁后，王室衰弱，各诸侯野心越来越大，为争夺土地和人口，战火连绵。正所谓“春秋无义战”，当时有很多反战的思想家，墨子是其中的代表人物。

墨子大约出生于公元前 480 年，家里是普通劳动者。自从孔子兴办私学，教育不再是贵族的特权，所以墨子也得到机会进入私塾，跟随儒者学习《诗》《书》《春秋》等典籍。

因为家里穷，墨子只能一边读书，一边做工。他放过牛羊，还学过木工。学习了一段时间后，墨子越来越发现自己与儒家理念不合。比如他觉得普通人也要像儒家推崇的那样守丧三年太不现实了。三年不种地不做工，生活怎么维持呢？平民更没有钱去买乐器，花时间学音律，等等。

于是墨子放弃了儒学，另创学说。他开始研究、总结生活里的规律。墨子天赋特别高，动手能力很强。他的讲学吸引了很多工匠、农人。大家在一起研究学问，不仅有治国方略、道德文章，还有数学、物理等自然科学。墨子和他的学生还一起做了世界上最早的小孔成像实验。这些都记录在墨家经典《墨子》一书中。从中我们可以知道，早在两千五百多年前，我们祖先的数学和物理就有了很高的水平。

随着慕名而来的学生越来越多，墨子的名声也越来越大，墨子的学说成为显学。当时的年轻人，要么跟随孔门弟子学习儒家文化，要么成为墨

家门下。据说，当时墨子的弟子有几百人。墨家的成员称为墨者，他们行侠仗义，不求回报，不图功名，听从指挥，且纪律严明。

墨子是坚决的反战者。他与弟子们周游列国，宣扬自己的学说，劝阻列国发动战争，他曾用自己的知识成功阻止了宋楚大战。当时楚国请来公输班，制造一种可以攻城的云梯，准备攻打宋国。身在齐国的墨子赶忙带着弟子，走了十天十夜，来到楚国，并找来公输班，一起在楚王面前论辩。

公输班为攻城一方，墨子是守城的一方。不论公输班用什么样的武器与策略，墨子都能轻松化解。公输班不甘心，准备杀掉墨子。墨子也预料到了，他对楚王说："不要以为我死了，就没有人可以守城。宋国还有两百多墨者呢。"

经过这番纸上演习，楚王放弃了攻打宋国的计划，宋楚两国避免了一场兵灾。

墨子死后，墨家分裂为好几个派别。汉代以后，墨家渐渐没落。

生词学习

翟（dí）：古书上指长尾的野鸡，也指野鸡羽毛。另读zhái，姓。

云梯：古代的战争器械，用于攀越城墙攻城的用具。

百炼成金

知识考点

墨子名翟，宋国人，是中国古代的思想家、教育家、科学家、军事家；创立了墨家学派，言行思想等记录在《墨子》一书中。

默写练习

chūn qiū wú yì zhàn

(　　　　　　　　)

tuī chóng

儒家（　　　　）的那样

名言/名句

子墨子见染丝者而叹曰："染于苍则苍。染于黄则黄。所入者变，其色亦变。五入必，而已则为五色矣。故染不可不慎也。"

——《墨子》

墨子在集市，看到有人染丝，不由得感叹道："白色的丝放入青色颜料，就变成青色，放入黄色颜料中，就成了黄色。不同的染料，染出不同颜色的丝，五色丝就是这个道理。染丝如此，治国处事同样如此。人之初，就像纯色的丝一样，纯白无瑕，身在不同的环境，会长成不同的样子。治国者不得不慎啊。"

孟子 尽心知性，养浩然之气

孟子

约前 372 — 前 289

名轲（kē），字子舆（yú），邹国人

战国时期的思想家、教育家；儒家学派的代表人物，与孔子合称“孔孟”，被奉为“亚圣”

言论著作收录于《孟子》

孟子出生在齐鲁交界的邹城，很小的时候，父亲就过世了，他与母亲相依为命。孟子先祖是贵族，所以母亲对他的教育特别重视。

孟家一开始住在墓园附近。孟母看到儿子每天跟邻居小孩玩哭丧的游戏，立刻决定换住处。之后，母子俩住到市集上。孟子适应能力很强，很快又跟周围的孩子玩起讨价还价的游戏。孟母于是又决定搬家，这次是屠宰场附近。不料孟子又学起屠宰猪羊做买卖的事。孟母再次搬家，住到学校附近。这次，孟子每天模仿儒生的言谈举止，孟母这才放下心来。

邹城离曲阜很近，教孟子读书的先生，是子思的门人。子思是孔子的孙子孔伋（jí），“四书”中的《中庸》相传是子思所作。

孟子个性活泼，上学没几天就开始逃学。这天，他又从学校跑回家，刚进门，看到母亲正在织布，孟子心想，不好了，要被妈妈训斥了。果然，孟母非常生气，她拿起剪刀，剪断了织布机上的线。孟子吓了一跳，母亲辛辛苦苦干了好几天，这下子辛苦劳作都付诸东流了。孟母坐在织机旁，对儿子说：“你看我剪掉线，很心疼吧。布匹是一丝一线织成的。中断了，就要重新开始。你求学也是一样，必须日积月累。读书需要积累，德行的修养也需要积累。你这样三心二意，怎么能成才呢？如果不能成为栋梁，就要做强盗了，或者是给达官贵人做杂事。你真的要断送自己的前程吗？”

说着说着，孟母流下泪来。孟子看母亲如此伤心，深感后悔，从此再没有逃学。

儒者是以匡扶天下为己任的，尤其是孟子。他对儒者寄予深厚的希望——他认为真正的士人（读书人），应该养浩然之气，穷则独善其身，达则兼济天下。当时，墨家学说（极端利他主义）和杨朱学派（极端利己主义）都颇受欢迎，儒家恰恰是强调中庸的，孟子又是一位好辩的儒者，因此在他的书中，常见激烈抨（pēng）击这两家学说的言语。

孟子的学说吸引了一大批学生。在家乡著书讲学，并不是他理想的生活；游说诸侯，辅佐君王，施行仁政，这才是他的政治抱负。当时的国君对孟子的仁政不感兴趣，周游列国二十多年，孟子一无所获。六十多岁的孟子回到故乡，立志得天下英才教育之。

孟子最大的贡献，是将“士”这个阶层的标准、责任、义务独立出来，特别强调读书人的重要性。孟子认为“仁、义、礼、智”是人的天性，读书人应该以仁义为念，养浩然之气。这对后代儒家的理论发展产生了深远影响。孟子说士应该养浩然之气，所谓浩然之气就是勇于担当的正气；孟子疾恶如仇，是非分明，锐意进取，这些都是我们年轻人应该学习的品格。

《孟子》中记录了孟子的言论，他的政治观点（仁政、民本）、伦理观念（性善论）、教育观念都在其中。《孟子》的文风反映了时代风气，到了孟子生活的时代，思想家们不再用简单的语录记载言行。《孟子》文章有气势，善于用寓言故事点明深刻的道理。

学者冯友兰说：“孔子在中国历史的地位如苏格拉底在西洋史，孟子在中国历史的地位如柏拉图在西洋史。”苏格拉底、柏拉图都是西方哲学史上的大师级人物，两人还是师生关系。

生词学习

轲（kē）：古代的一种车。

舆（yú）：车或车上可以载人载物的部分；也指轿；众多，众人的。

伋（jí）：人名用字。

抨击（pēng）：用言语或评论来攻击别人的言论、行动等。

百炼成金

知识考点

孟子名轲，字子舆，战国时期的思想家、教育家；儒家学派的代表人物，与孔子合称“孔孟”，被奉为“亚圣”；言论著作收录于《孟子》。

默写练习

rì jī yuè lěi

必须（　　　　　　）

dú shàn qí shēn

穷则（　　　　　　）

jiān jì tiān xià

达则（　　　　　　）

名言 / 名句

鱼，我所欲也；熊掌，亦我所欲也。二者不可得兼，舍鱼而取熊掌者也。生，亦我所欲也；义，亦我所欲也。二者不可得兼，舍生而取义者也。

——《孟子》

鱼是我所想要的，熊掌也是我所想要的，如果不能同时得到这两样，那我宁愿舍弃鱼而选取熊掌。生命是我想要的，大义也是我所想要的，如果这两样东西不能同时得到，那么我宁愿牺牲生命而选取大义。

庄子 内圣外王，物我两忘

庄子

约前 369 — 前 286

名周，宋国人

战国时期的思想家、文学家；是道家学派的代表人物，与老子并称“老庄”

作品收录于《庄子》

战国时期，各诸侯国为争夺土地和人口而互相攻伐。没有君王愿意听所谓的仁政和王道，谋士和纵横家更符合他们的要求。就在这人命贱如蝼蚁（lóu yǐ）的战乱时代，庄子活出了另一种自我。

庄子的先祖也是贵族，但到他这代，家族的荣光早已不再。庄子也曾跟随儒者学习，但时局纷乱，儒家的学说无法说服庄子。年轻的时候，为了生活，庄子曾担任过宋国地方的漆园吏，做了一段时间，就归隐在家了。

辞官后，失去了经济来源，家里陷入困顿，庄子便到监河侯那里借粮。监河侯客客气气地说：“好！我马上要拿到一大笔钱了！等这笔钱入账，我就借你三百钱！”庄周马上用一个寓言故事讽刺回击了小气的监河侯。

庄周说：“我来的路上，听到呼救的声音。原来车辙中有一条奄（yǎn）奄一息的鲋（fù）鱼。它求我给它一点点水好活命。我当然没有拒绝它，对它说，我马上往南游说吴王、越王，引西江的水来迎接它！谁知这条鲋鱼居然生气变脸说：‘只要一点水，我就可以活命。您还是去鱼铺找我吧！’”

庄周不愿在浊世跟这些人同流合污，日子过得特别辛苦。他的好朋友惠施常来看他，劝他还是出来找个官做，但庄周不为所动。一般人都认为，有才学的人会飞黄腾达，过令人羡慕的生活。庄子却不这么认为。

在他看来，有用无用都只是短暂的。《庄子》里有两个故事。其一，某天，庄子行至山中，眼前有一棵大树，枝叶茂盛，但伐木者并没有砍伐它，原来是因为这棵树没什么用处，才得以保全。其二，庄子到老朋友家做客，老朋友的仆人在杀鹅。仆人问道："一只鹅会叫，另一只鹅不会叫，该杀哪只？"主人说："杀不会叫的。"庄子借此感慨："成材与不成材，都不是绝对的，以顺应自然为准则。"

除了主张齐万物，庄子对待生死也特别洒脱。《庄子》中还有一则故事。庄子在去楚国的路上，看到路旁有一个骷髅（kū lóu）。他将骷髅当枕头，躺下休息，不一会儿就睡着了。梦中，骷髅居然说话了！骷髅对他说："我们死人是不会为世上的琐事烦恼的。人死后，既没有上司来烦我，又不用履行职责，不用经受风霜、雪雨、严寒、酷暑，与天地共存，与日月同在。"

庄子问道："假设我能让你重生，回到父母、妻子、好友身边，你愿意吗？"那骷髅连忙拒绝："我怎么能丢下自由自在的生活，回到困苦的人世间呢？"

庄周还反对厚葬。他临终前，学生想陪葬珍贵的器物，选上好的棺椁（guān guǒ），庄子极力反对。他对学生说："我以天地为棺椁，以时间为璧，星辰为珠，哪里还用其他俗物？"

学生解释道："我担心乌鸦老鹰吃掉您的遗体。"

庄子答道："被老鹰吃，或是被蚂蚁吃掉，都是被吃掉，何必这么偏心！"

庄周去世后，他的学生将其言行故事整理为《庄子》。《庄子》是中国古代典籍中的瑰宝，《庄子》和《周易》、《老子》并称为"三玄"。庄子不但是一位伟大的思想家，也是杰出的文学家。《庄子》一书想象丰富，气势壮阔，行文汪洋恣肆（zì sì），瑰丽诡谲（guǐ jué），是中国人的必读书。

生词学习

蝼蚁（lóu yǐ）：蝼蛄(gū)和蚂蚁，用来代表微小的生物，比喻力量薄弱或地位低微的人。

鲋鱼（fù）：鲫鱼。

奄奄一息（yǎn）：奄奄：呼吸微弱的样子。只剩下一口气。形容临近死亡。

棺椁（guān guǒ）：棺材和套在棺外的大棺，泛指棺材。

骷髅（kū lóu）：尸体骨架。

汪洋恣肆（zì sì）：形容文章、言论、书法等气势豪放，潇洒自如。

诡谲（guǐ jué）：奇异，奇怪，令人捉摸不透，变化多端。

百炼成金

知识考点

庄子名周，战国时期的思想家、文学家；道家学派的代表人物，与老子并称“老庄”；作品收录于《庄子》。

默写练习

yǎn yǎn yī xī

(　　　　　　　　)

wāng yáng zì sì

(　　　　　　　　)

guī lì guǐ jué

(　　　　　　　　)

名言/名句

昔者庄周梦为胡蝶，栩（xǔ）栩然胡蝶也，自喻适志与，不知周也。俄然觉，则蘧（qú）蘧然周也。不知周之梦为胡蝶与，胡蝶之梦为周与？周与胡蝶，则必有分矣。此之谓物化。

——《庄子》

这一段讲的是庄周梦蝶的故事。过去某天，庄周梦见自己变成蝴蝶，翩翩起舞，多么愉快和惬意啊！不知道梦中自己原本是庄周。突然间醒过来，惊惶不定之间才想起：原来我是庄周。不知是庄周梦中变成蝴蝶呢，还是蝴蝶梦中变成庄周呢？庄周与蝴蝶必定是有区别的。这就可叫作物、我的交合与变化。

韩非子 君主无为，法无不为

韩非

约前 280 — 前 233
战国末期韩国新郑（今属河南）人
中国古代思想家，法家集大成者
作品被收集整理编成《韩非子》

韩非是战国末年韩国的宗室贵族，从小就接受了一流的教育，也比其他人更有使命感。他阅读经典，周游列国，增长见闻。公元前 262 年，韩国再次败于秦人，被秦人占领大片土地，赵国趁火打劫。年轻的韩非上书韩桓惠王，奈何石沉大海。

公元前 253 年，荀子来到楚国，被春申君举荐做了兰陵令。很多青年从四面八方赶来，投入荀子门下，学习“帝王之术”。韩非也在这里学习，与李斯一起，成为荀子最有名的弟子。

当时，诸侯之间攻伐不断，从诸侯到平民，都只讲实际的利益，不论空疏的道德。荀子教给学生的，不再是道德理想，而是可以让学生能受到君王重用的帝王之术。韩非从古代慎到、申不害、商鞅三家，抽取法、术、势三种要义，将三者结合起来，总结出一套政治统治理论。

韩非将传统儒家提倡的君君臣臣、父父子子的从属关系绝对化，在上位者（君、父、夫）拥有绝对的权威，下位者（臣、子、妻）则要完全顺从，这才是常道。这就是韩非所提倡的“法”，这种“法”，与我们现在常使用的法制概念有很大的区别。

韩非主张中央集权，推崇强人政治。国家大事要由君主一人做主，君主必须有绝对权威，天下才能安宁。任何会分割君主权威的势力必须被清除，决策应由君主一人做出，具体办事人员则由有实务经验的官吏充任。

韩非要求废除旧贵族的特权，旧贵族的地位与普通平民相当。不论是平民还是贵族，赏罚必须分明。

公元前 236 年，李斯到韩国劝降，与老同学韩非见面，韩非兴冲冲带着《孤愤》《五蠹（dù）》等文章去见李斯。李斯读后，击节赞叹，并承诺广为宣传。李斯信守承诺，将韩非的作品带回秦国，献给秦王。秦王读后大为折服。韩王听说秦王欣赏韩非，就在公元前 233 年，派韩非出使秦国。

到了秦国，韩非上书《存韩》，为自己的母国争取生存空间。这与李斯提出的灭六国大计相悖（bèi），而秦王是坚决支持李斯的。韩非希望秦王攻打赵国。李斯抓住韩非韩国宗室的身份，劝秦王说：“韩非这次来咸阳，并不是想帮助大王实现伟业，而是为了他的母国着想。祸患不可久留。”

秦王认为李斯说得有理，就将韩非投入狱中。李斯带着毒药去看望同学，韩非已失去贵族风采，蓬（péng）头垢（gòu）面，见到李斯，问他：“你我同学一场，我想上书秦王，你能帮我吗？”

李斯冷笑道：“事已至此，上书何益？你的《五蠹》里写得明白，国君应该清楚哪些是害群之马。”

韩非无话可说，饮下李斯带来的毒酒。不久后，秦王后悔了，想见韩非，此时韩非早就死了。

韩非留下《孤愤》《五蠹》《内外储》《说林》《说难》等文章，后人编辑整理为《韩非子》。韩非的文章构思精巧，《韩非子》中有大量脍炙（kuài zhì）人口的寓言故事，包括我们常用的“自相矛盾”“守株待兔”“讳疾忌医”“滥竽充数”“老马识途”等。

生词学习

蠹（dù）　蛀蚀器物的虫子；蛀蚀。

相悖（bèi）　相违背，相反。

蓬头垢面（péng gòu）　指头发蓬乱满脸污垢，形容人生活条件很坏的样子。也泛指没有修饰。

脍炙人口（kuài zhì）　脍：切细的肉。炙：烤肉。美味人人爱吃，比喻好的诗文受到人们的称赞和传诵。

百炼成金

知识考点

韩非是战国末期韩国的贵族，中国古代思想家，法家集大成者。他的作品被收集整理编成《韩非子》。《韩非子》中有大量脍炙人口的寓言故事，如“自相矛盾”“守株待兔”“讳疾忌医”“滥竽充数”“老马识途”等。

默写练习

chèn huǒ dǎ jié
赵国（　　　　　　）

shí chén dà hǎi
奈何（　　　　　　）

péng tóu gòu miàn
（　　　　　　）

kuài zhì rén kǒu
（　　　　　　）

名言/名句

此明夫恃人不如自恃也，明于人之为己者不如己之自为也。

——《韩非子》

春秋时鲁国的宰相公仪休爱吃鱼，人们于是争着买鱼送给他！他一点都不接受。他的学生问他原因，他便说了上面这番话。意思是：聪明人明白靠人不如靠己的道理，明白别人为自己着想不如自己为自己着想。

董仲舒 罢黜百家，为儒者宗

董仲舒

前 179 — 前 104

西汉时期广川（在今河北）人

儒学大家，提出“天人感应”“大一统”学说和“罢黜（bà chù）百家，独尊儒术”的主张，被汉武帝采纳，从此儒学逐渐成为中国社会的正统思想，影响长达两千多年

董仲舒出生于公元前 179 年。30 岁前，他都在家中读书学习。董仲舒从小学习就特别用功，极其专注，读书的时候废寝忘食。他的父亲董太公认为孩子应该劳逸结合，于是修筑了一个花园，想让孩子时常到花园散心。想不到，花园修建了三年，这三年间，不论家人、朋友、邻居怎么劝董仲舒去园中玩耍嬉戏，董仲舒都不以为然，依旧埋头苦学。花园建成时，正值中秋，家人都在园中赏月，董仲舒则去研读经书了。

正是靠着苦学精神，董仲舒读遍儒家、道家、阴阳家、法家等各家书籍，在而立之年就成为享誉全国的大学问家。

从 30 岁开始，董仲舒在家中开办学校。董仲舒的门人弟子众多，在董仲舒这里，他们可以学习古代的各种知识，从经书上学习治学、为人、做官的基本常识。学生学成后，回到家乡，出任地方官吏，有的做了诸侯国的国相。

汉武帝即位时，董仲舒在江都国（今扬州）任国相。他以《春秋公羊传》理念治理江都，董仲舒认为，地上的君主所作所为，都与天地运行息息相关；君主应顺应天地之法，行德政。如果人君苛待百姓，上天就会降下种种灾异，警示或谴责君主。如果君主依然我行我素，上天会寻找新的替代者。这就是天人感应之说。

公元前135年，长陵高园殿、辽东高庙发生火灾，董仲舒拟了一份奏章，用上天示警来劝诫汉武帝。汉武帝看后大怒，差点下旨杀了他；但冷静下来后，只是罢免了他的官职。董仲舒保住性命，回到家乡，继续教书。

董仲舒推崇中央集权，反对分裂割据。战国到秦汉，百姓深受战乱之苦，董仲舒从儒学经传中寻找消弭（mǐ）战争之法。他从《春秋公羊传》中获得灵感，认为“大一统”是天地的常理。为了政权不再分裂，他认为思想也要大一统。他在《天人三策》中提出，除了六艺（即读书人必须掌握的六种才能：礼、乐、射、御、书、数）和孔门学说，其他都是异端邪说，不应该任由这些思想迷惑百姓；老百姓应该有统一的意识形态，用正统的思想规范自己的行为，教育自己的子女。

董仲舒认为可以用儒家思想维护政治统一。汉武帝对这一观点深为赞同，他采纳了《天人三策》，罢黜百家，独尊儒术，设立五经博士。

公元前 125 年，董仲舒再次出仕，做了胶西王刘端的国相。刘端为人凶残蛮横，前面几任国相都被杀死或毒死了。但刘端也知道董仲舒是举世敬重的大儒，并没有过分为难他。董仲舒自己则小心翼翼，尽量避免与刘端发生冲突。

正所谓伴君如伴虎，董仲舒在刘端手下做了四年国相，整天战战兢（jīng）兢，唯恐被害。四年后，他终于以老病为由，辞官回家，从此再不出山。

汉代承袭秦代制度，法律特别严苛，一点小错就可能遭受酷刑。董仲舒认为应该给百姓让利，所以他上书汉武帝，建议抑制豪族兼并土地；废除奴婢制度；允许百姓经营商业；轻徭薄赋。董仲舒认为要实现大一统，必须实行仁政，用仁德代替严刑酷法。

董仲舒归隐后，朝廷经常派人来向他请教。名臣张汤将他的主张整理为《春秋决狱》。董仲舒在临终之前，写了最后一份奏章，坚决反对盐铁官营。

公元前 104 年，董仲舒病逝，葬于长安西郊。汉武帝经过他的墓地，下马致意，于是，董仲舒的墓地又名“下马陵”。董仲舒一生著作颇丰，存世的有《天人三策》《士不遇赋》《春秋繁露》等。

生词学习

罢黜（bà chù）：废除排斥。罢免。

消弭（mǐ）：清除、消除不好的事情。

战战兢兢（jīng）：形容非常害怕而微微发抖的样子，也形容小心谨慎的样子。战战：恐惧得发抖的样子。兢兢：小心谨慎的样子。

百炼成金

知识考点

董仲舒是西汉的儒学大家，提出“天人感应”“大一统”学说和“罢黜百家，独尊儒术”的主张，被汉武帝采纳，从此儒学逐渐成为中国社会的正统思想，影响长达两千多年。

默写练习

fèi qǐn wàng shí

(　　　　　　　　)

láo yì jié hé

(　　　　　　　　)

xiǎo xīn yì yì

(　　　　　　　　)

zhàn zhàn jīng jīng

(　　　　　　　　)

名言/名句

仁之法在爱人，不在爱我；义之法在正我，不在正人。

——《春秋繁露》

仁的法则在于爱别人，而不是爱自己；义的法则在于端正自己，而不是端正别人。

范缜 形存神存，形谢神灭

范缜（zhěn）

约 450 — 515

字子真，南阳（在今河南）人

南北朝时期著名思想家、哲学家，杰出的无神论者

著作《神灭论》是中国古代思想史上具有划时代意义的不朽作品

南北朝时期佛教兴盛，不论是达官贵人，还是底层小民，都讲轮回报应；佛教的节日变成百姓的节日，寺院经济严重影响了朝廷财政。统治者和贵族推崇外来宗教，而读圣贤书的儒生则逆潮流而动，反对崇佛，范缜就是他们的代表。

范缜是南阳人，先祖是西晋名臣范晷（guǐ）。范缜出生不久，父亲就病逝了，他与母亲相依为命，过着清贫的生活。

范缜从小勤奋好学，十几岁时就离家到沛郡相县（今安徽宿州）拜名儒刘瓛（huán）为师。刘瓛门下大多是锦衣玉食的贵公子。这些少年在互相攀比家族门第、富贵财宝。他们每天驾车去上学，看到走路上学的范缜，都嘲笑他贫寒，还常常孤立他，打压他。范缜倔强耿直，对这些纨绔子弟毫不退让。同学们都畏惧他，更不愿意亲近他，范缜毫不在意，依旧我行我素，只爱读书。刘瓛对好学的范缜格外器重，并亲自为他行加冠礼。在老师的悉心教导下，范缜博通经术，对“三礼”（《周礼》《仪礼》《礼记》）造诣深厚。

公元 467 年，北魏大兵南下，沛郡沦陷，范缜不得不离开老师，逃到京城建业。范缜因不得志而早早就白了头发，他写了《伤暮诗》《白发咏》，抒发内心的不平。

公元479年，萧道成建立南齐，起用了一批新人，范缜也出来做官了。范缜作为使者多次来到北魏，他的学识和胆识终于有机会得以展现，并因此赢得了北魏君臣的敬重。

当时，竟陵王萧子良精通佛教，常与名僧往来，谈论佛典教义；同时也组织文士聚会，著名人物有萧衍、沈约等人，称为“竟陵八友”。范缜也时常参与其中。这些人大多崇信佛教，唯有范缜，大唱反调。

公元489年，萧子良等人与范缜展开了一场大论战。范缜舌战群儒，以一敌多。其中一个辩题是富贵贫贱与因果的关系。

萧子良问道：“你怎么解释富贵贫贱之分？”

范缜答道：“树上的花同时开放，有的花瓣飘落在厅屋内，留在茵（yīn）席上；有的花瓣掉进粪坑中。殿下是留在茵席上的花瓣，下官是落于粪坑中的花瓣，与因果报应有什么关系？”萧子良无言以对。

之后，范缜写出《神灭论》，引起巨大反响。佛教称人的灵魂可以脱离形体而独立存在，形神分离是佛教徒论证“神不灭”的主要根据。对此，范缜提出“形神相即”的观点，他主张形体与精神不可分离，形体存在，精神才存在；形体衰亡，精神也就归于消亡。精神是由形派生出来的，不能脱离主体而单独存在。范缜进而论述，精神作用是活人才有的特有属性。

当时的社会，民俗败坏，兵源短缺，土地荒芜。范缜之所以写作《神灭论》，就是因为看到了过度推崇佛教引起的种种社会问题。

范缜的论述切中要害，崇佛的名士纷纷来找他辩论，都被一一驳（bó）倒。见说理不行，萧子良又用高官厚禄来引诱，但范缜不为所动。他任宜都太守时，夷陵（今湖北宜昌）境内有三座庙宇：伍相庙、唐汉三神庙、胡里神庙，当地人经常祭祀。范缜下令断其香火。

梁武帝时期，范缜在京城任职。梁武帝尊佛，于公元 507 年下诏，令群臣与范缜论战，临川王萧宏等六十四人写文参与。范缜面对众多对手，毫无惧色，有理有据，“辩摧众口，日服千人”，最终获得了全面胜利。

生词学习

缜（zhěn）：周密，精细。

驳倒（bó）：成功否定对方的意见。

瑊（huán）：古代的一种玉，长九寸。又读yè：马嚼子。又读yà，器物名。

晷（guǐ）：日影，比喻时间；日晷。

茵席（yīn）：指褥垫，草席。

百炼成金

知识考点

范缜是南北朝时期著名思想家、哲学家，杰出的无神论者；著作《神灭论》是中国古代思想史上具有划时代意义的不朽作品。

默写练习

shé zhàn qún rú

(　　　　　　　　　　)

qiè zhòng yào hài

(　　　　　　　　　　)

名言/名句

是以圭撮（guī cuō）涉于贫友，吝情动于颜色；千钟委于富僧，欢意畅于容发。岂不以僧有多余之期，友无遗秉之报，务施阙于周急，归德必于有己。

——《神灭论》

范缜分析世人对身边急需帮助的穷朋友吝啬、却为佛门慷慨，可谓一针见血。这段话的意思是：送给贫穷的朋友一撮米，吝啬的表情立刻表现在脸上；而捐赠给富有的和尚千石粮食，每个毛孔都流露出畅快的情绪。这难道不是因为佛教徒许下了虚无的美好愿景，而穷朋友却难指望有丝毫的报答么？

周敦颐 月岩悟道，义理精微

周敦颐

1017 — 1073

字茂叔，号濂（lián）溪，世称濂溪先生，北宋道州（今湖南道州）人

宋代思想家、文学家、哲学家，北宋五子之一，宋朝理学思想的开山鼻祖

著有《太极图说》《爱莲说》等

公元960年，宋朝建立，思想文化领域有了新格局。

周敦颐是两宋理学的奠基人。他出生在今天的湖南道县。十四岁时，周敦颐到离家七里的月岩读书。月岩是一个巨大的岩洞，因其不同位置景物不同而得名。穿过月岩，犹如观赏月亮圆缺变化一般。在这个神秘的洞穴里，周敦颐观察宇宙星空，他后来写《太极图说》的灵感大多出于月岩。

十五岁时，周敦颐父亲去世，母亲带着他投奔在衡阳的舅舅郑向。郑向很喜欢这个读书好又爱动脑筋的外甥。因为周敦颐喜欢莲花，郑向就在家里修了池塘，种满莲花，让周敦颐在惬（qiè）意的环境里专心读书。

1040年，二十四岁的周敦颐做官了，正式开启宦海生涯。此后三十多年里，周敦颐主要做地方官，从小官做起，一直做到州官。他审案条理清晰，判决总能让原告被告心服口服。因为学问好，能力强，做人做官都能保持节操品格，所以上官、同僚都很喜欢他。不过，他最喜欢的还是读书、办学与授课。

周敦颐在做地方官时，就积极兴办学校，培养人才。办学时，除了邀请名师，他还鼓励学生自学，特别注重启发教育。他最有名的学生是程颢、程颐兄弟。

作为宋明理学的开山鼻祖，周敦颐从宇宙观到认识论，为宋明理学建立了一套完整的体系。

先说宇宙观。周敦颐认为宇宙由阴阳二气交感而来，无极（无）生太极（有），太极能动能静，动则生阳，静则生阴。动之极则走向静，静之极又回到动。阴阳生两仪（天地），再阴变阳合生水、火、木、金、土五行。五行之气推动四季轮转。故五行统于阴阳，阴阳统于太极，太极本原于无极，无极是宇宙生成的根本。

再说道德论。周敦颐提出“至诚”“主静”的观点。至诚是目标，主静是修养方法。

可以说，“诚”是周敦颐哲学思想的核心。在他看来，“诚”首先是宇宙存在的根据，是宇宙的本体。“诚”是天道、人道、天人合一的最高境界。“诚”分为天道本体论和心性本体论两方面。

北宋理学家论学氛围很好，学者们彼此切磋（cuō）交流，共同推进理学发展。1060 年，周敦颐与王安石在京城相遇。两人连续几天探讨学术问题，主要就是围绕“诚”字展开。分别后，王安石一直回想与周敦颐讨论的问题，甚至到了废寝忘食的地步。

周敦颐的理学，以儒学为基础，杂糅（róu）了佛道。他提出的无极、太极、阴阳、五行、动静、主静、至诚、无欲、顺化等理学基本概念，构成了理学范畴体系中的主要议题，将儒学推进了一步。南宋理宗时，下诏让周敦颐从祀孔子庙堂。

周敦颐传世的作品有《爱莲说》《太极图说》《通书》等，后人整理编辑成《周元公集》。

生词学习

濂（lián）：濂江，水名，在江西。

惬（qiè）意：满意；称心。

切磋（cuō）：相互商量或讨论。

杂糅（róu）：混杂。

百炼成金

知识考点

周敦颐号濂溪，世称濂溪先生；宋代思想家、文学家、哲学家，北宋五子（另四人为邵雍、张载、程颢、程颐）之一，宋朝理学思想的开山鼻祖；著有《太极图说》《爱莲说》等。

默写练习

qiè yì

在（　　　　）的环境里

qiē cuō

彼此（　　　　）交流

zá róu

（　　　　）了佛道

名言/名句

故圣人"与天地合其德，日月合其明，四时合其序，鬼神合其吉凶"。君子修之吉，小人悖之凶。故曰："立天之道，曰阴与阳。立地之道，曰柔与刚。立人之道，曰仁与义。"

——《太极图说》

《太极图说》从宇宙起源讲到人生，是宋代理学最重要的典籍。这段话的大意是，圣人的德性，要与天地的功德相契合，要与日月的光明相契合，要与春、夏、秋、冬四时的时序相契合，要与鬼神的吉凶相契合。君子依照天道修身，大吉。小人违背天理行事，大凶。所以说，天道以阴阳运行为根本，大地则以刚柔并济为根本，人则以仁义为立身之道。

张载 横渠四句，辉耀千古

张载

1020 — 1077

字子厚，世称横渠先生；生于长安（今陕西西安）

北宋思想家、教育家，理学创始人之一；北宋五子之一；创立“关学”

名言“为天地立心，为生民立命，为往圣继绝学，为万世开太平”被称为“横渠四句”，历代传诵不衰

张载是北宋年间重要的理学家。以他为代表的“关学”（以关中为基地而形成的理学学派），与二程的洛学、周敦颐的濂学、王安石的新学、朱熹的闽学齐名，共同构成了宋代儒学的主流。

北宋初年，边关战事不断，辽和西夏交替侵扰宋境，北宋朝廷不得不用绢、银、茶叶等换取短暂的和平。这对热血的少年儿郎刺激极大。张载小时候就立下志向，要在战场上立一番功业。他曾向当时主持西北防务的范仲淹上书陈述意见，受到范仲淹的重视。范仲淹劝他向学问方面努力，张载听从了劝告，转向道学。

1057 年，三十八岁的张载参加了科举考试。这次科考可谓星光熠（yì）熠，苏洵、苏轼、苏辙父子与张载一同应试，主考官则是欧阳修。这一次的科考，汇聚了北宋文坛、理学界的才俊，堪称盛况空前。张载与苏轼兄弟同登进士。

在京期间，宰相文彦博听说张载对《易》学研究颇深，就请他在大相国寺公开做讲座。讲座前一天，张载遇到程颢、程颐兄弟，他们聊起《易》。张载被二程兄弟的学问折服。第二天在讲座上，他对大家说：“《易》学之道，吾不如二程。”自此，二程名声大振。

张载开始做官后，政令严明，办事认真。每到一处任所，他都努力推行德政，兴办教育，移风易俗。他常常召集乡里耆（qí）老到县衙谈话，了解民间疾苦。在渭州时，他发挥了自己的军事才能，环庆路经略使蔡挺十分信任张载，军府大小之事，张载都会给出建议。恰好赶上大灾，张载说服蔡挺，将数万军资救济灾民，帮助地方渡过难关。

宋神宗熙宁二年（1069），朝廷推行新法，下诏调张载入京。张载并不支持新法，便辞官回到横渠。

此后，张载耕读著述，潜心学问，完成了著名的《东铭》《西铭》。张载是位具有现实感的思想家，被称为“横渠四句”的“为天地立心，为生民立命，为往圣继绝学，为万世开太平”，是他对自己的期许和行动指南。张载认为圣人之学就是要为百姓服务，他在《正蒙》中写道：“民吾同胞，物吾与也。”即“民胞物与”，意思是说老百姓都是我的同胞兄

弟姐妹，世间万物是我的朋友，人的心不能局限在自己的一亩三分地，而应扩展到与天同大的境界，才能符合天道。

张载认为，宇宙的本体、万物的始基是气，充盈于宇宙的太虚之气不断变化。因为气有清浊、精粗、明昏、偏全、厚薄的差异，便产生了千差万别的物和人，所以，气的本性就是人和万物的本性。天地之性诚明至善，而气质之性有善有恶，是恶的来源，是人欲的体现。因此，人要成为圣贤君子，就要彰显天地之性，即天道。要成为圣贤君子，就需要跟恶的私欲作斗争，要帮助别人、建设社群，以扩充自己。

在中国哲学史上，张载第一次建立了比较完整的气一元论哲学体系，开辟了朴素唯物主义哲学的新阶段，在中国学术思想发展史上占有突出的地位，对后世产生了积极的影响。

张载有《正蒙》《横渠易说》《经学理窟》《张子语录》等作品存世，后人编为《张载集》。

生词学习

熠熠（yì）闪烁的样子，形容闪光发亮。

耆老（qí）指六七十岁的老人。

百炼成金

知识考点

张载字子厚，世称横渠先生；北宋思想家、教育家，理学创始人之一；创立“关学”；名言“为天地立心，为生民立命，为往圣继绝学，为万世开太平”被称为“横渠四句”，历代传诵不衰。

默写练习

xīng guāng yì yì
(　　　　　　　　)

mín bāo wù yǔ
(　　　　　　　　)

名言 / 名句

为天地立心，为生民立命，为往圣继绝学，为万世开太平。

——《横渠语录》

张载的这四句话被冯友兰概括为“横渠四句”。“为天地立心”，意思是：人的心是博爱济众的仁者之心，学者之事，没有比识仁求仁更重要的，此乃为天地立心。“为生民立命”，意思是为“民吾同胞”来“立命”，立命在于教。“为往圣继绝学”，“往圣”者，是孔子、孟子；“绝学”，是孔孟所弘扬之道学。“为万世开太平”，所表达的是儒者的政治理想。

朱熹 格物致知，重建道统

朱熹

1130 — 1200

字元晦（huì），又字仲晦，号晦庵，晚称晦翁；祖籍徽州婺（wù）源（今江西婺源），生于尤溪（今属福建）

南宋理学家、思想家、教育家、诗人，理学集大成者，“闽学”代表人物，被世人尊称为朱子；是唯一非孔子亲传弟子而享祀孔庙，位列大成殿十二哲者

著有《四书章句集注》《楚辞集注》《太极图说解》《通书解说》等

朱熹出生在尤溪一个儒学世家。父亲朱松非常重视孩子的教育，亲自教儿子读书。朱熹从小就是个爱思考的孩子，跟小朋友们一起玩的时候，其他孩子都画动物、植物，朱熹则在沙地上画八卦。

一天，朱松带儿子在外面散步，指着太阳对儿子说：“这是太阳。”朱熹追问道：“太阳归属之地是哪里？”朱松道：“太阳在天空中。”朱熹又问：“那比天空更大，包含了天空的又是什么呢？”朱松被问得哑口无言。

10 岁时，朱熹开始读《孟子》。小小年纪的他读后心潮澎湃，感觉找到了知己一般。从那时起，他立志做个圣人。18 岁时，朱熹在乡试中考取贡生。23 岁时，朱熹求教于名儒李侗（dòng）。

南宋建立以来，朝廷内部在对金的政策方面一直摇摆不定。朱熹是坚定的主战派，在施政方面，以儒家的“仁政”为原则。朱熹任地方官时，能体恤百姓；遇到灾荒，能切实救济饥民，保证地方安定。

朱熹到湖南做官时，改建、扩建了岳麓（lù）山下的岳麓书院。后来，他又重建了白鹿洞书院。正因为这些书院，南宋讲学之风大盛，名儒辈出，他们之间的交游与论学，成为千古佳话。

南宋时，除朱熹外，陆九渊、张栻等人也是声名远扬的大儒。他们彼此多有书信往来，虽然在一些理论观念上有分歧，但不妨碍彼此成为知己好友，惺（xīng）惺相惜。

1167 年，朱熹应邀从福建到长沙，在岳麓山与张栻做了一次会讲，这就是中国学术史、教育史上著名的“朱张会讲”。会讲是古代书院独具特色的制度，亦是南宋理学学派“百家争鸣”的一种学术活动。闻讯而来的读书人前后有上千人，岳麓书院因此声名大振。

结束讲学后，朱熹准备回福建。张栻依依不舍，陪他南下游览南岳衡山。他们一路游山玩水，诗词唱酬，好不快意。几天时间，就写了一百多首诗，编为《南岳唱酬集》。张栻又送了一百八十里，两人在船中朝夕讨论《中庸》，甚至三天三夜不合眼。

1175 年，学者吕祖谦邀请朱熹和陆九渊、陆九龄兄弟等四五人在信州鹅湖寺（今江西铅山县境内）集会，共同探讨“为学之方”。这便是中国学术史上有名的“鹅湖之会”。朱熹和陆九渊一见如故，盘桓多日才分开。

1180 年，陆九渊到白鹿洞书院拜访朱熹，请朱熹为过世的兄长陆九龄撰写墓志铭。在古代，只有至交好友才能请托此事，朱熹二话不说就答应了。朱熹还请陆九渊为学生讲课，陆九渊便在白鹿洞书院开专题讲座，师生大受启发。

1182 年，朱熹 52 岁，他将《大学章句》《中庸章句》《论语集注》《孟子集注》四书合刊，这就是“四书”。《四书章句集注》是朱熹理学思想体系的精华。

理学即义理之学。朱熹汇综北宋道学思想，在程颐、程颢学说的基础上，建立了庞大的理学体系，成就理学之大成。朱熹也与二程并称为“程朱”。

朱熹的学说吸取周敦颐太极说、张载的气本论以及佛教、道教的思想而成，其核心概念就是“理”。朱熹认为，理是先于自然现象和社会现象的形而上者，万物各有其理，而万物之理终归于“太极”。太极既是万物之宗，又包含万物之理，此即理一分殊。如何认识理呢？朱熹的主张是“格物致知”。“格物致知”出自《大学》，具体讲就是“穷天理，明人伦，讲圣言，通事故”。朱熹认为“知为先”，所以格物很重要。

朱熹整理的“四书五经”，成为元明清科考的内容。朱熹的思想影响巨大，在明清被奉为官学。

生词学习

晦（huì）：农历每月的末一天。昏暗；不明显。

婺源（wù）：地名，在江西。

侗（dòng）：诚实的样子。侗族：中国少数民族。

麓（lù）：山脚。

百炼成金

知识考点

朱熹晚称晦翁，南宋理学家、思想家、教育家、诗人，理学集大成者，“闽学”代表人物，被世人尊称为朱子；是唯一非孔子亲传弟子而享祀孔庙，位列大成殿十二哲者；著有《四书章句集注》《楚辞集注》《太极图说解》《通书解说》等，后人辑有《朱子大全》《朱子集语象》等。

默写练习

问得（yǎ kǒu wú yán）

（xīng xīng xiāng xī）

名言/名句

思诚为修身之本，而明善又为思诚之本。

——《四书章句集注·孟子集注》

“诚”是理学中重要的理念，这句话的意思是：以真诚为准则是自我修养的关键，弄清楚哪些是好的言行举动，又是坚持真诚的根本。

王守仁 龙场悟道，知行合一

王守仁

1472 — 1529

字伯安，号阳明，世称阳明先生，浙江余姚人

明代著名思想家、哲学家、军事家；主张心即理、致良知、知行合一，对当时及后世有深远影响

作品有《王阳明全集》《传习录》《王文成公全书》

王守仁家世显赫，父亲是状元，官至南京吏部尚书。他自己从小就志向远大，探究各种问题，立志要做圣贤。1499 年，王守仁中进士，从此走入仕途。

当时的朝廷，大太监刘瑾（jǐn）专权。1506 年冬天，王守仁因为得罪了刘瑾，被杖责四十，贬到贵州龙场（贵阳西北七十里修文县），当了龙场驿的驿丞。刘瑾还派来刺客追杀他，机智的王守仁逃过了一劫。

贵州路途遥远而且未开化，王守仁本来不想去。奈何这是朝廷任命，又经过父亲的劝说，他也只能出发。翻山越岭，长途跋涉（bá shè），王守仁终于到达贵阳。那时候贵阳完全没有开发，山上生长着各类毒虫野兽。苗人语言不通，能交流的人，多半是逃到这里的通缉犯。

龙场驿年久失修，连住的地方都没有。王守仁不得不带着手下一起干活儿，修建住处。跟他一起来的人都水土不服，纷纷病倒。王守仁便亲自砍柴、做饭、打水、照顾病人。

在这段时间里，王守仁的思想境界实现飞跃，在龙场他忽然开悟，明白了格物致知之旨，“吾性自足，向之求理于事物者误也。乃以默记《五经》之言证之，莫不吻合，因著《五经臆（yì）说》”。这就是有名的“龙场悟道”。

住了一段时间后，王守仁与当地人熟悉起来，苗人都来找这位开朗的汉官请教问题。在他的带领下，苗汉军民在龙场周边建了龙冈书院。王守仁一边做学问，一边在书院教当地人识字。

1519 年，宁王朱宸（chén）濠（háo）在领地江西发动叛乱。王守仁在平定宁王之乱中立了大功，但因为朝廷奸佞（nìng）当道，为了避祸，王守仁屡次请辞。

比起带兵打仗，王守仁的学问更厉害。他的学说被称为阳明学，又称王学、心学。王学袭自陆九渊的心学，强调“心即是理”，反对程颐、朱熹“格物致知”的方法。王守仁提出事理无穷无尽，格之则未免烦累，故提倡“致良知”，就是说，从自己内心中去寻找“理”，“理”全在人“心”，“理”化生宇宙天地万物，人秉承其秀气，所以人心自然秉承其精要。

王守仁最有影响的学说是“知行合一”，即在知与行的关系上，他强调既要知，更要行，知中有行，行中有知，二者互为表里，不可分割。知必然要表现为行，不行则不能算真知。

1529 年，王守仁在江西病逝于舟中。临终之际，弟子问他有何遗言，他说：“此心光明，亦复何言！”

1584 年，王守仁从祀孔庙。

阳明学是明朝中晚期的主流学说之一，是中国思想文化史上的重要学说之一，后来传于日本，对日本及东亚都有较大影响。

王守仁一生著作甚丰，死后，由门人辑成《王文成公全书》，其中在哲学上最重要的是《传习录》和《大学问》。

生词学习

瑾（jǐn）：美玉。

跋涉（bá shè）：爬山过水，形容旅途十分艰难。

臆（yì）：胸。无根据的；主观的。

宸（chén）：指帝王住的地方，引申为王位、帝王的代称。

濠（háo）：护城河。

佞（nìng）：惯于用花言巧语谄媚人。

百炼成金

知识考点

王守仁号阳明，世称阳明先生；明代著名思想家、哲学家、军事家；主张心即理、致良知、知行合一，对当时及后世有深远影响；作品有《王阳明全集》《传习录》《王文成公全书》。

默写练习

bá shè

长途（　　　　）

jiān nìng dāng dào

朝廷（　　　　　　　）

zhī xíng hé yī

（　　　　　　　）

名言/名句

在孟子言必有事焉，则君子之学终身只是集义一事。义者宜也。心得其宜之谓义。能致良知，则心得其宜矣，故集义亦只是致良知。君子之酬酢（chóu zuò）万变，当行则行，当止则止，当生则生，当死则死，斟酌谓停，无非是致其良知，以求自慊而已。

——《传习录》

这段话的意思是，孟子说“必有事焉”（“事”，不仅仅是工作、学习的具体事，这里是存养的意思），君子做学问，终身只是“集义”这一件事。义就是宜，心能做到了适宜就是义。能致良知，则心就能做到适宜。君子待人接物，应对事变，该做就做，该停就停，该生就生，该死就死，其间的斟酌思考，无非是致其良知，从而求得心安理得而已。

王夫之 清风有意，明月无心

王夫之

1619 — 1692

字而农，号姜斋，人称“船山先生”，衡阳（今湖南衡阳）人

与顾炎武、黄宗羲并称明清之际三大思想家

著有《周易外传》《永历实录》《读通鉴论》等

王夫之生活于明末清初，从小跟随父兄学习，但还未来得及步入仕途，明朝就灭亡了。清兵入关并很快攻陷衡阳，王夫之一家惨遭剧变，父兄多人都不幸死于战火。

清朝要求百姓剃（tì）发易服，并采取留发不留头的高压政策，一旦发现谁没剃发，便要杀头。王夫之身为明遗民，发誓绝不剃发。

为躲避清军追捕，王夫之躲进深山。又改名换姓，扮作瑶人，逃到常宁，为士人讲授《周易》《春秋》。此后流亡到了兴宁，住在山僧寺里，为当地学者讲学。

一路辗转，1669 年冬天，漂泊半生的王夫之终于定居下来。他在衡阳县曲兰镇找到一处绝佳的隐居之地。因山坡上有一块巨石，形似倒扣的大木船，王夫之为其取名为“石船山”。这里草木杂生，鸟兽不愿久留，人民尚未开化。王夫之就在这里度过余生，他写道：“予之历溪山者十百，其足以栖神怡虑者往往不乏，顾于此阅寒暑者十有七，而将毕命焉，因曰，此吾山也。”其间，除了为躲避吴三桂部下追捕，短暂逃到别的地方，他一直在“湘西草堂”读书著述。

王夫之是明清之际的大思想家。他认为要想国家富强，应该“公其心，去其危。尽中区之智力，治轩辕（xuān yuán）之天下”。王夫之心中的理想国，是“以天下论者，必循天下之公”，“不以一人疑天下，不以天下私一人”。他认为天下之存替，并非为某一人一家，而是为天下之人；讨论国家大事，应该为公众谋福利。在用人方面，应选用贤者。

王夫之对程朱和陆王学说都有批评。他反对禁欲主义，主张不能离开人欲空谈天理，天理即在人欲之中；认为气是组成万物的唯一实体，而不是“心外无物”；认为“形而上”与“形而下”不可割裂，先有具体形器，后有抽象观念。

对于有无、动静等传统问题，王夫之也有自己的看法。他认为先有“有”，才有“无”这个概念。静止里包含着运动，静止的东西不是凝固的，而是生动灵活的。

王夫之反驳了“生而知之”的先验论，他认为知识是后天获得的，非生而知之。真知识是名与实的统一。他认为人能够做到正确的思维，把握

名实。他将概念看作一个过程，既不能执着概念而使之僵化，也不可把概念的运动看作刹那生灭的偶然事件。人性同样如此，既不是一成不变的，又不是被动的；人能发挥主观能动性，做出权衡和取舍。

王夫之的史学造诣（yì）令人叹服，他善于将众多史实加以归纳，从而得出富有启发性的结论。王夫之的《读通鉴论》《宋论》是历史爱好者的必读书。

王夫之曾经这样概括自己的一生："抱刘越石之孤忠而命无从致，希张横渠之正学而力不能企。幸全归于兹丘，固衔恤以永世。"

刘越石是晋代的刘琨（kūn），当时北方被游牧民族政权所占，中原王朝衣冠南渡，有志之士都抱着北伐的志愿，但却有志难伸；张横渠就是张载。王夫之是以刘琨自比，同时他的学问承自张载。

王夫之著述丰厚，内容涉及哲学、政治、法律、军事、历史、文学、教育、伦理、文字、天文、历算及佛道等，其中重要的有《周易外传》《尚书引义》《永历实录》《春秋世论》《噩梦》《读通鉴论》《宋论》等。晚清重臣曾国藩极为推崇他，曾大批刊刻《船山遗书》，使王夫之的著作得以广为流传。

生词学习

剃（tì）：用特制的刀子刮去头发、胡须等。

轩辕（xuān yuán）：即黄帝，古华夏部落联盟首领，被尊为"人文初祖"。

琨（kūn）：一种美玉。

造诣（zào yì）：指运用学问、艺术等达到很高的水平。

百炼成金

知识考点

王夫之号姜斋，人称“船山先生”；与顾炎武、黄宗羲并称明清之际三大思想家；著有《周易外传》《永历实录》《读通鉴论》等书。

默写练习

xuān yuán

治（　　　　）之天下

quán héng

（　　　　）和取舍

名言/名句

清风有意难留我，明月无心自照人

——王夫之自撰联

在71岁时，当地的官员来拜访王夫之，想送些吃穿用品。王夫之谢绝了，他写了这副对联以表自己的态度。清风指的是清朝，明月代指明朝。这副对联的意思是：朝廷有心招抚我，但这很难实现，因为我作为明朝遗民，遵从内心的选择。

黄宗羲 海内鸿儒，民治先锋

黄宗羲

1610 — 1695

字太冲，一字德冰，号南雷，世称“梨洲先生”，浙江余姚人

明末清初经学家、史学家、思想家、地理学家、天文历算学家、教育家

著述最重要的有《明儒学案》《宋元学案》《明夷待访录》《四明山志》等

黄宗羲出生于绍兴府余姚县，父亲黄尊素是东林党人，因弹劾（hé）魏忠贤而下狱，受酷刑而死。黄宗羲去收殓父亲遗体时，深受刺激。

1628 年，崇祯登基，黄宗羲上书朝廷，请求追查阉党余孽许显纯、崔应元等人。五月，刑部会审，18 岁的黄宗羲出庭对证。当来到大堂上，他突然拿出藏在袖中的铁锥刺向许显纯！这一突然举动吓坏了众人。大家都低估了这个文质彬彬的青年对杀父仇人的痛恨。锥刺许显纯后，黄宗羲又转向崔应元。后者已经吓得瑟瑟发抖。黄宗羲当众痛陈崔应元等人谋害忠臣、陷害无辜的罪行，堂上之人无不动容。骂完之后，黄宗羲拔下崔应元的胡子，去祭奠父亲的英灵。

清兵入关后，黄宗羲率领乡人抵抗清军，均告失败。从 1663 年至 1679 年，黄宗羲先后在慈溪、绍兴、宁波、海宁等地设馆讲学。其间，他写成《明夷待访录》《明儒学案》等。清军此时已经占领整个中国，明朝复兴无望，黄宗羲便埋头于书海。

黄宗羲嗜（shì）好藏书，家中所有藏书都读过，仍嫌不足。当时浙江著名的藏书楼他都去借抄过。他到过范钦的“天一阁”、徐乾学的“传是楼”、钱谦益的“绛云楼”等藏书楼。黄宗羲藏书不为赏玩和收集，而在于致用。

他告诫弟子："当以书明心，勿玩物丧志也。"

康熙即位后，多次延揽黄宗羲，黄宗羲找各种理由推辞掉了。康熙开明史馆，修《明史》时，黄宗羲的儿子黄百家及弟子万斯同都以布衣身份参与修史，不领俸禄，不署名。《明史》为二十四史中质量较高的一部，黄门弟子出力最多。

黄宗羲是明末清初三大思想家之一。晚明党争、阉党之乱深深刺痛了他，他开始从帝国治理体制角度思考王朝更迭的问题。从"民本"立场抨击君主专制制度者，黄宗羲可以说是中国思想启蒙第一人。他的政治理想主要集中在《明夷待访录》一书中。

黄宗羲认为，设立君主是为了趋利避害，君主是天下的公仆而已。他从根本上否定了君主"家天下"的合法性。要让君主回归古代圣贤的状态，就要限制君主的权力；君主不应高高在上，而要尽自己应尽的责任，为天

下兴利除害，做不到的话就该逊位让贤。要限制君主一人独尊，限制无限的皇权，要设立丞相。除了用宰相制约君主，还应用“天下之法”取代“一家之法”。黄宗羲提出“有治法而后有治人”的思想；还提出重视舆论、改变科举取士的模式。

晚明学风空疏，明末清初的学者都走向经世致用。黄宗羲认为“学贵履践，经世致用”。他还精通天文历算和数学。作为浙东史学的开创者，黄宗羲贡献尤为卓著。他注重史料的搜集。不仅收集历史人物、事件、典章法令等，也收集建置沿革、山川变异，甚至是乡邦文献所记的亭台楼阁也作为史料予以考证、保存。

黄宗羲这样总结自己的一生：初锢（gù）之为党人，继指之为游侠，终厕之于儒林。意思是，年轻时，黄宗羲因为党争被牵连，之后像游侠一样行动，晚年则埋首于儒学。

黄宗羲一生著述宏富，涵盖史学、经学、地理、律历、数学、诗文杂著等多个方面，最重要的有《明儒学案》《宋元学案》《明夷待访录》《四明山志》等。他曾自己整理编定《南雷文案》，又删订为《南雷文定》《南雷文约》。

生词学习

弹劾（hé）　揭发别人的罪状。

嗜（shì）好　特别爱好。

锢（gù）　禁闭，使隔绝。

百炼成金

知识考点

黄宗羲字太冲，号南雷，学者称“梨洲先生”；明末清初思想家；最重要的著述有《明儒学案》《宋元学案》《明夷待访录》《四明山志》等。

默写练习

sè sè fā dǒu

(　　　　　　　　　　)

xué guì lǚ jiàn

(　　　　　　　　　　)

名言/名句

有生之初，人各自私也，人各自利也；天下有公利而莫或兴之，有公害而莫或除之。有人者出，不以一己之利为利，而使天下受其利；不以一己之害为害，而使天下释其害；此其人之勤劳必千万于天下之人。

——《原君》

这段话的意思是，世界从一开始，人就是自私自利的。对公众有利的事却没人兴办，对公众有害的事也没人去消除。有这样一个人出来：他不以个人的利益为利，而是让天下人得到他的利益；不以自己受到的伤害为害，而是让天下人免受他所遭受的伤害。这个人的勤劳程度一定是普通人的千万倍。

顾炎武 天下兴亡，匹夫有责

顾炎武

1613 — 1682

字宁人，学者尊为“亭林先生”；昆山（今江苏昆山）人

明末清初杰出的思想家、经学家、史地学家和音韵学家，清初朴学宗师，被誉为清学开山始祖

著有《日知录》《天下郡国利病书》《音学五书》《金石文字记》《亭林诗集》等

顾炎武出生于昆山千灯镇，从小就有神童的名声。他博闻强记，家人给他请了四个老师。四位先生团团围坐在他身边，每人轮流读二十页经书，遇到其中字句不通的或他忘记了的地方，他就和四人辩论或者再记一遍。他每天要温习经书二百页。

顾炎武学习刻苦，可惜的是，他从 18 岁开始参加应天乡试，屡试不中。心高气傲的顾炎武从 27 岁起，放弃死板僵硬的科举之学，转向历代史乘、郡县志书，以及文集、章奏之类。他对实学更感兴趣，书中所载农田、水利、矿产、交通等内容，他都做成资料卡片。

明朝灭亡后，顾炎武拒绝出仕清朝，成为明遗民。从 1657 起，顾炎武六谒（yè）明孝陵。之后他变卖家产，开始了后半生的行者生活。顾炎武走遍了山东、河北、山西、河南，往来万里，沿途考察山川风物，核对书籍文献上的记载，所览书万余卷，并且还结识了许多志同道合的朋友。

1676 年，顾炎武游历到北京，他的两个外甥徐乾学和徐元文接待他。这两个外甥虽然都是当朝大官，但对舅舅毕恭毕敬，唯恐招待不周。顾炎武却只喝了三杯酒就要告辞。徐乾学立即说：“还有菜没上桌，您再喝一点儿。喝到半夜都没关系，我派人打着灯笼送您回去。”

顾炎武大怒，说道："世间只有淫奔、纳贿这两类人夜行，正人君子怎么会夜行？"

大学士徐乾学不敢再说一句话。

1682 年正月，顾炎武在路途之中去世，享年七十岁。他一生的大部分时间都在读书与游历中度过，这需要坚强的意志和永不言弃的活力！

顾炎武是清朝"开国儒师"，"清学"开山始祖。他学识渊博，在经学、史学、音韵、小学、金石考古、方志舆地以及诗文诸学上都有深厚造诣。顾炎武治学，以经世致用为旨趣，提倡归纳、考据，终结了晚明空疏的学风，开一代学术风气。

顾炎武治学严谨，常对自己的书稿不满意。他在写《音学五书》时，

《诗本音》二稿已经完成，不料却被老鼠咬坏了。他只好再次誊（téng）写，但并没有生气。有人劝他赶紧消灭老鼠，他却说："老鼠咬我的书稿，其实是鼓励我呢！不然，我怎么会五易其稿呢？"

顾炎武治学并非为寻章雕句，而是要从古人的典籍中找到治国的方略。他认为自万历中期以来，"为人上者"只图"求利"，造成"民生愈贫，国计亦愈窘"的局面。因此他提出"善为国者，藏之于民"的经济主张。在国家治理方面，他提出具有早期民主启蒙思想色彩的"众治"主张。在中央与地方的关系上，顾炎武批评了秦制（郡县制）。

顾炎武对经史百家进行分门别类的研究，内容包罗万象，涉及的领域极广，而且各个方面都有建树。他说："天下之理殊途而同归，大人之学举本以该末。"他的研究为清代学者开辟了治学的方向，具有承前启后之功；开启了一代朴实学风的先路，给予清代学者以极为有益的影响。乾嘉学派基本上都发自顾氏。他提出的"天下兴亡，匹夫有责"的口号，意义和影响深远。

顾炎武著述颇丰，代表作有《日知录》《天下郡国利病书》《肇（zhào）域志》《音学五书》《韵补正》等等。

生词学习

谒（yè）：到陵墓致敬。

誊（téng）写：指照底稿或原文抄写。

肇（zhào）：发生；引起。开始。

百炼成金

知识考点

顾炎武字宁人，学者尊为“亭林先生”；明末清初杰出的思想家、经学家、史地学家和音韵学家，清初朴学宗师，被誉为清学开山始祖。著有《日知录》《天下郡国利病书》《音学五书》《金石文字记》《亭林诗集》等。

默写练习

bì gōng bì jìng

(　　　　　　　　　)

bāo luó wàn xiàng

(　　　　　　　　　)

pǐ fū yǒu zé

天下兴亡，(　　　　　　　　　)

名言 / 名句

保国者，其君其臣肉食者谋之；保天下者，匹夫之贱与有责焉耳矣。

—— 顾炎武《日知录》

这句话被梁启超概括为“天下兴亡，匹夫有责”。顾炎武区分了“亡国”与“亡天下”的概念。易姓改号叫作亡国；仁义阻塞叫作亡天下。保国是帝王将相的职责；而道义不存则关乎所有人的利益，因此，每一个老百姓都有维护道义的责任。

魏源 变古愈尽，便民愈甚

魏源

1794 — 1857

名远达，字默深、墨生、汉士，号良图，湖南邵阳人

清代启蒙思想家、政治家、文学家，近代中国“睁眼看世界”的知识分子代表，提出“师夷长技以制夷”，指出“变古愈尽，便民愈甚”

著有《海国图志》等

魏源生于湖南邵阳，从小就特别勤奋。他七岁入学，经常深夜都在读书。九岁去县城参加童子试，考官出了道怪题，指着画有太极图的茶杯出上联道：“杯中含太极。”魏源摸着怀中的麦饼答道：“腹内孕乾坤。”其聪明灵慧可见一斑。

1807 年，魏源来到邵阳县城的爱莲书院求学。爱莲书院因周敦颐的《爱莲说》而得名。当时，魏源与何上咸、石昌化并称“三神童”，深受湖南学政李宗瀚喜爱。

1822 年，魏源考中举人第二名。

1825 年，魏源受江苏布政使贺长龄之聘，辑成《皇朝经世文编》；又协助江苏巡抚陶澍（shù）办理漕运、水利各项事务；撰写了《筹漕篇》、《筹鹾（cuó）篇》和《湖广水利论》等。

1840 年，英国人用坚船利炮打开中国的大门，古老而腐朽的帝国接触到外面的空气，也加快了衰亡的速度。鸦片战争爆发后，魏源进入两江总督裕谦幕府。身处一线，他接触到很多英国人，还曾在前线亲自审讯俘虏。

1842 年，他完成了《圣武记》，叙述了清初到道光年间的军事历史及军事制度。

1844 年，魏源考中进士，任东台、兴化知县。他以林则徐所辑的西方史地资料《四洲志》为底本，补以历代史志、明以来《岛志》以及当时夷图夷语，编成《海国图志》50 卷，之后又经过修订、增补，增加为百卷本。这本书囊括（náng kuò）了世界地理、历史、政治、经济、宗教、历法、文化、物产等各方面内容。

道光、咸丰年间，清政府日益腐败，考据之学远离实际。学人为了纠正学风，开始重视经世之学。魏源参与编撰的《皇朝经世文编》《圣武记》等，都是以国家治理、百姓民生为主的实学。

魏源是一个进步的思想家和史学家，也是坚决反对外国侵略的爱国学者。他看到英军的强盛，清军的脆弱，心中忧虑，主张清廷进行改革。在鸦片战争前后，他提出了改革水利、漕运、盐政的方案和措施，要求清政府从实务出发，推行惠民政策。魏源与林则徐是至交好友。鸦片战争爆发后，魏源是林则徐一派的主战派。魏源主战，反对“浪战”。他主张根据敌我双方的武器装备、地理地势等具体情况，制定“以守为战”的方略。

魏源是第一批与西方接触的知识分子和务实的官僚，是近代中国“睁眼看世界”的清醒者。在写《海国图志》的过程中，魏源对西方有了初步认知，他知道西方并非蛮夷之地。顽固派将西方科技视作“奇巧淫（yín）技”，魏源却认识到这是英国人打胜仗的原因。他认为要向西方学习，提出了“师夷长技以制夷”的主张。魏源化用《孙子兵法》的说法，认为“善师四夷者，能制四夷；不善师外夷者，外夷制之”，将学习西方的“长技”提高到关系国家民族安危的高度，呼吁读书人博古通今，学习西方技术，富国强兵。

魏源提出了一套具体方案，可以视作其后洋务运动“富国”“强兵”的先驱。他建议官办军事工业，改进军队武器装备，提出兴办民用工业，允许商民自由兴办工业的主张，各种器物，凡是有益民用者，都可以制造；主张以后“沿海商民，有自愿仿设厂局，以造船械，或自用，或出售者，听之”。他还建议“立译馆翻夷书”，招揽科考名列前茅者参与翻译，以加快学习西方先进技术。

魏源对西方的认知不仅停留在具体的技术上，他还很推崇欧洲国家的制度。十几年后的洋务运动，开始实践魏源提出的一部分改革内容。

魏源的思想观点和主张，不仅在当时具有进步意义，对于后来的资产阶级变法维新运动也起到了积极的推动作用。

魏源学识渊博，著作很多，主要有《海国图志》《圣武记》《书古微》等。

知识考点

生词学习

澍（shù）：及时雨。

囊括（náng kuò）：全部包括在内。

鹾（cuó）：盐；有咸味的。

淫技（yín）：过于奇巧而无益的技艺与制品。

百炼成金

魏源是清代启蒙思想家、政治家、文学家，近代中国“睁眼看世界”的知识分子代表，提出“师夷长技以制夷”，指出“变古愈尽，便民愈甚”；著有《海国图志》等。

默写练习

jiān chuán lì pào

(　　　　　　　　　　)

qí qiǎo yín jì

(　　　　　　　　　　)

shī yí cháng jì yǐ zhì yí

(　　　　　　　　　　)

名言/名句

风气日开，智慧日出，方见东海之民，犹西海之民。

——《海国图志》

这种风气一旦开启，智慧就会出现，才可以见到东海的百姓，和西海的百姓没什么区别。这里东海是指东方的大国，西海指的是欧美诸国。

本册人物 ▸▸▸

人物	时间	成就
姬昌	西周	即周文王，编有《周易》，成为传统文化的经典
老子	春秋	创立道家学派，著有《道德经》
孔子	春秋	创立儒家学派，开私人讲学之风，带领弟子周游列国，晚年修订六经，言行语录和思想被整理编成《论语》，是儒家经典
孙武	春秋	著名军事家，被称为“兵家至圣”，著有《孙子兵法》
墨子	春秋	创立墨家学派，言行语录主要收录在《墨子》一书中
孟子	战国	儒家学派的代表人物，与孔子合称“孔孟”，被奉为“亚圣”；言论著作收录于《孟子》
庄子	战国	战国时期思想家，是道家学派的代表人物，与老子并称“老庄”；作品收录于《庄子》
韩非	战国	法家集大成者，作品被收集整理编成《韩非子》
董仲舒	西汉	儒学大家，提出“天人感应”“大一统”学说和“罢黜百家，独尊儒术”的主张，被汉武帝采纳，从此儒学逐渐成为中国社会的正统思想，影响长达两千多年
范缜	南北朝	杰出的无神论者，著作《神灭论》是中国古代思想史上具有划时代意义的不朽作品
周敦颐	北宋	世称濂溪先生，北宋五子之一，宋朝理学思想的开山鼻祖；著有《太极图说》《爱莲说》等
张载	北宋	世称横渠先生，理学创始人之一；北宋五子之一；创立“关学”，名言“为天地立心，为生民立命，为往圣继绝学，为万世开太平”被称为“横渠四句”，历代传诵不衰
朱熹	南宋	理学家、思想家、教育家、诗人，理学集大成者，“闽学”代表人物，被世人尊称为朱子；著有《四书章句集注》等
王守仁	明代	世称阳明先生；主张心即理、致良知、知行合一，对当时及后世有深远影响；作品有《传习录》等
王夫之	明末清初	人称船山先生，与顾炎武、黄宗羲并称明清之际三大思想家；著有《周易外传》《永历实录》《读通鉴论》等
黄宗羲	明末清初	学者称梨洲先生，明末清初三大思想家之一；著有《明儒学案》《宋元学案》《明夷待访录》等
顾炎武	明末清初	学者尊为亭林先生；明末清初三大思想家之一；清初朴学宗师，被誉为清学开山始祖；著有《日知录》《天下郡国利病书》等
魏源	清代	启蒙思想家、政治家、文学家，近代中国“睁眼看世界”的知识分子代表，提出“师夷长技以制夷”；著有《海国图志》等

图书在版编目（CIP）数据

陪孩子玩转中国史 . 3, 传世思想家 / 文海 编著 . —北京 : 东方出版社 , 2022.9

ISBN 978-7-5207-2955-0

Ⅰ . ①陪… Ⅱ . ①文… Ⅲ . ①中国历史 – 少儿读物 ②思想家 – 生平事迹 – 中国 – 古代 – 少儿读物 Ⅳ . ① K209

中国版本图书馆 CIP 数据核字 (2022) 第 153852 号

陪孩子玩转中国史．3，传世思想家
(PEI HAIZI WANZHUAN ZHONGGUOSHI．3，CHUANSHI SIXIANGJIA)

编　　著：文　海
责任编辑：辛春来
策　　划：闫　冬
封面设计：胡振宇
美术设计：壹点插画工作室
插画绘制：王梦婕　贾迎欣　刘　冲
艺术指导：李朋威　李春华
出　　版：东方出版社
发　　行：人民东方出版传媒有限公司
地　　址：北京市东城区朝阳门内大街 166 号
邮　　编：100010
印　　刷：三河市嘉科万达彩色印刷有限公司
版　　次：2022 年 9 月第 1 版
印　　次：2022 年 9 月第 1 次印刷
印　　张：20（全四册）
开　　本：700 毫米 ×1000 毫米　1/16
字　　数：256 千字（全四册）
书　　号：ISBN 978-7-5207-2955-0
定　　价：100.00 元（全四册）
发行电话：(010) 85924663　85924644　85924641

传世文学家

文海 编著

人民东方出版传媒
People's Oriental Publishing & Media
東方出版社
The Oriental Press

图说历史
屈原
约前340—前278
战国时期楚国人
“楚辞”的创立者和代表作家
曹植
192—232
与曹操、曹丕合称“三曹”
代表作品有《七步诗》等
陶渊明
352或365—427
著有《陶渊明集》
田园诗派创始人
李白
701—762
唐代伟大的浪漫主义诗人
被后人誉为“诗仙”
杜甫
712—770
唐代伟大的现实主义诗人
被后人称为“诗圣”
他的诗被称为“诗史”
韩愈
768—824
唐代古文运动的倡导者
“唐宋八大家”之首
白居易
772—846
字乐天，号香山居士
唐代三大诗人之一
另两位是李白、杜甫
杜牧
803—约852
晚唐杰出诗人
与李商隐齐名，合称“小李杜”
李煜
937—978
南唐末代君主，千古词帝

文学的故事
柳永
约984—约1053
宋词婉约派的代表人物
龚自珍
1792—1841
著有《定盦文集》《己亥杂诗》
清代最重要的诗人之一
欧阳修
1007—1072
“唐宋八大家”之一
北宋古文运动的代表
苏轼
1037—1101
世称苏东坡
北宋豪放派文学代表
纳兰性德
1655—1685
与朱彝尊、陈维崧并称
“清词三大家”
杨慎
1488—1559
与解缙、徐渭并称“明代三才子”
陆游
1125—1210
字务观，号放翁
南宋爱国诗人
有“小李白”之称
辛弃疾
1140—1207
南宋豪放派词人的代表
有“词中之龙”之称
元好问
1190—1257
宋金时期北方文学的代表
被尊为“一代文宗”

中国古典文学，是中华文明宝库里最耀眼的瑰宝之一。历史长，起点高，且代有创新；杰出作家和杰出作品，如群星璀璨，永世流传。

中国古典文学，以《诗经》为开篇。子曰："不学诗，无以言。"《诗经》的影响不仅体现在数千年的文学创作上，也深入了古代人们的日常生活中。《诗经》、楚辞、先秦散文，是我国文学发展初期的"三驾马车"。

汉代大赋兴起，铺陈华彩，气势张扬，名家有司马相如等"汉赋四大家"。但汉赋的华丽到底还是不适合大多数人，文学的主流很快回到诗歌这一体裁上。建安"三曹"和陶渊明，是魏晋南北朝时期诗歌创作的佼佼者。

唐宋时期，名家辈出，唐诗和宋词在人们心目中已经是中国古典文学的代名词。唐宋的散文创作也很有成就，韩愈位居"唐宋八大家"之首，被誉为"文章巨公""百代文宗"。

唐宋是中国古典文学发展的巅峰。唐宋之后，巅峰不再，但仍有推陈出新：元曲是重要体裁；明代的长篇小说和小品文创作，也是一绝；清代的文学理论建设颇有成就，纳兰性德凭一己之力，再现了"词"这一体裁的鼎盛光辉。

必须要说明的是，限于篇幅，本书只选取了18位代表性作家来介绍；但中国古典文学的辉煌远不止此，除了其他知名而未入选的作家，历史上还有众多佚名作者，如《诗经》、"古诗十九首"的作者皆已佚名，而他们同样是组成中国古典文学这座大厦的一分子。

目录

屈原　楚辞的创立者 002
曹植　建安诗坛杰出代表 006
陶渊明　中国第一位田园诗人 010
李白　伟大的浪漫主义诗人 014
杜甫　伟大的现实主义诗人 018
韩愈　唐宋八大家之首 022
白居易　唐代三大诗人之一 026
杜牧　晚唐杰出诗人 030
李煜　千古词帝 034
柳永　北宋婉约派文学代表 038
欧阳修　北宋古文运动代表 042
苏轼　北宋豪放派文学代表 046
陆游　南宋诗坛领袖 050
辛弃疾　南宋豪放派词人代表 054
元好问　金元文学的桥梁 058
杨慎　明代文学第一人 062
纳兰性德　清词三大家之一 066
龚自珍　三百年来第一流 070

屈原 楚辞的创立者

屈原

约前 340 — 前 278

芈（mǐ）姓，屈氏，名平，字原，又字灵均

代表作品有《离骚》《九歌》《九章》《天问》等

“楚辞”的创立者和代表作家

> 以屈原的《离骚》为代表的《楚辞》与《诗经》中的《国风》并称为“风骚”，对后世诗歌产生了深远影响。作为中国浪漫主义文学的奠基人，被世人传颂的伟大爱国诗人，屈原有什么特别之处呢？

据说，五月初五端午节是为了祭奠一位爱国诗人而设立的，而端午节龙舟竞渡和吃粽子等习俗也与这位诗人有关，他就是屈原。

屈原是战国时期楚国人，十一岁的时候，家乡出现饥荒，很多百姓吃不饱、穿不暖，人们沿街乞讨、啃树皮，甚至饿得吃土。贵族出身的小屈原见了，很同情他们，就偷偷地把家里的米往街上倒，供穷人们取食。父亲知道后说：“咱家的米救不了多少穷人，如果你长大后做官，把楚国治理好，让百姓们能安居乐业，天下的穷人就都能有饭吃了！”

自此之后，抱着“为国为民”的心思，屈原刻苦求学、博采众长，他的智慧和才能得到了很大的提升，并很快得到了楚国国君楚怀王的重用。

屈原所处的年代，正是秦、楚、齐、赵、燕、韩、魏七国争雄的时候。屈原所在的楚国国土面积最大，而秦国是七国之中实力最强的国家。屈原认为：对内，楚国要强大起来，对外，楚国要联齐抗秦，才能不受秦国欺负。他规划了一套让楚国变强的变革策略，这就是草宪变法。

公元前 317 年，草宪变法开始，成效非常明显，楚国国力很快得到了

增强。可是，三年后，变法遭到了以公子子兰为首的旧贵族集团的强烈反对。上官大夫靳（jìn）尚在楚怀王面前说屈原的坏话，楚怀王就不再支持屈原变法，还罢黜（bà chù）了他，将他流放到了偏远地区。

屈原被罢免后，楚国中了秦国张仪的圈套，破坏了齐楚联盟。后来，楚国被秦国欺负，楚国就又一次起用屈原，派他出使齐国，以修复齐楚关系。屈原不计前嫌，祖国需要什么，自己就做什么，他不顾个人安危，再一次出使齐国。可没过几天，楚国国君又一次受了秦国的迷惑，向秦国求和，屈原拼命劝谏（jiàn），结果，又一次被流放了。

这一流放就是十八年。这十八年里，屈原一直期待着楚王有一天能重新重用他，期待着楚王能意识到他的抗秦主张才是正确的，可一直没有等到。屈原满肚子的忧愁幽思、孤独悲愤无处发泄，文字就成了他最好的释放，他用自己的整个生命热情铸就了一篇篇光辉诗篇。

公元前 278 年，秦将白起带兵攻破了楚都郢（yǐng），楚顷襄（xiāng）王狼狈（bèi）地弃城出逃。眼看着千万楚国百姓流离失所、家破人亡，自己却无力回天，在五月五日这一天，万念俱灰的屈原，抱着石头投身汨（mì）罗江，以身殉国了。

生词学习

芈（mǐ）：羊的叫声。姓。

靳（jìn）：不肯给予；吝惜。姓。

罢黜（bà chù）：贬低并排斥。免除（官职）。

劝谏（jiàn）：旧时臣子对君主进言规劝，后泛指规劝上级或长辈改正错误。

襄（xiāng）：帮助。姓。

郢（yǐng）：古地名。春秋时，楚文王建都于郢，故址在今湖北江陵西北。楚国都城屡有迁徙，凡迁至地均称郢。

狼狈（bèi）：困苦或受窘的样子；也比喻彼此勾结。

汨罗江（mì）：洞庭湖水系河流之一。在湖南东北部。

百炼成金

知识考点

《楚辞》的代表作是屈原的《离骚》，与《诗经》中的《国风》并称为“风骚”，对后世诗歌产生了深远影响。

屈原是中国浪漫主义文学的奠基人，伟大的爱国诗人。

默写练习

bà chù

楚怀王（　　　）了他

láng bèi

楚顷襄王（　　　）地弃城出逃

一人一首代表作

离骚（节选）

长太息以掩涕兮，哀民生之多艰。

……

亦余心之所善兮，虽九死其犹未悔。

……

路漫漫其修远兮，吾将上下而求索。

……

涕（tì）：眼泪。

我长长地叹息，眼泪止不住地流，哀叹人民的生活是多么艰难……

这也是我心中的理想与追求啊，纵然九死一生，我也无悔……

追寻理想的道路如此漫长，我将用尽一切地去勇敢探索……

曹植 建安诗坛杰出代表

曹植

192 — 232

字子建，曹操之子

代表作品有《七步诗》《白马篇》《洛神赋》《七哀诗》《飞龙篇》

与曹操、曹丕合称“三曹”

曹植是建安文学的代表人物之一与集大成者，他在两晋南北朝时期，被推尊为“文章典范”，他有怎样的成长经历呢？

从汉献帝建安时期开始到魏明帝最后一年，这段时间的文学被称为建安文学。建安文学是我国诗歌史上文人创作的第一个高潮，这个时代涌现出两个代表性团队，一个是由孔融等人组成的“建安七子”，另一个就是“三曹”，指的是曹操、曹丕、曹植父子三人。这里面，曹植可说是建安诗坛最杰出的代表。

曹操与他最宠爱的卞（biàn）夫人生下了四个孩子，分别是丕、彰、植、熊，曹植排行第三。他自小就非常聪慧，十岁出头就能诵读《诗经》《论语》及先秦两汉辞赋，对诸子百家也非常熟悉。有了这些知识打底子，他的思路非常敏捷，出口成章，说起朝中政事滔（tāo）滔不绝且管治有方，各方面表现都非常出色。

有一次，曹操看了曹植写的文章，水平非常高，他有点不敢相信，惊喜地问：“你是请人代写的吧？”曹植不卑（bēi）不亢（kàng）地回答：“话说出口就是论，下笔就成文章，只要当面考试，一切都明明白白了，怎么会请人代写呢！”

公元211，曹操在邺（yè）城所建的铜雀台落成，他召集了一批文士“登台为赋”。在众人还在苦苦思索的时候，曹植首先上前，一挥而就，第一个提交了他的文章《登台赋》，跟后来其他人写出来的文章一对比，没人能超得过。

220年，曹操病逝洛阳，曹丕继承王位。曹丕上位后，手下谋士建议他：不把曹植除掉，他会时刻觊觎（jì yú）你的地位。曹丕就找了个理由把曹植抓了。卞夫人知道后，哭着来见曹丕，为曹植求情。古代人以孝为先，曹丕忙好言好语把母亲哄走了，可就这样放了曹植，他实在是不甘心，就把曹植叫进来说：“我给你个机会，限你在七步内吟诗一首，你能做到，就免你一死，做不到，就从重治罪。”

曹植很自信地应了下来：“你尽管出题目吧。”曹丕说：“就以我们两兄弟为题，但诗中不能出现兄弟字眼。”他话音刚落，曹植不假思索，脱口而出：煮豆持作羹（gēng），漉（lù）菽（shū）以为汁。萁（qí）在釜下燃，豆在釜（fǔ）中泣。本自同根生，相煎何太急？

这就是后世广为流传的《七步诗》，曹丕听了，很受触动，他就贬曹

植为安乡侯，把他下放了。

曹丕把曹植放哪儿都不放心，不停地给他换地方。222 年 4 月，31 岁的曹植在被封为鄄（juàn）城王的上任途中，写下了那篇著名的《洛神赋》，他描摹了一位美丽多情的女神形象，把她作为自己美好理想的象征，寄托了自己对美好理想的倾心仰慕和热爱。《洛神赋》字字句句讲的都是美人，实则暗示曹植有才无处施展，处处受打击，理想破灭的心情。

226 年，曹丕病逝，曹叡（ruì）继位，心如古井的曹植重新激起了波澜，他多次慷慨激昂地上书曹叡，求他能任用自己做点事。可曹叡对他更是严加防范和限制，曹植的处境没有丝毫好转。232 年，曹植在忧郁中病逝，年仅 41 岁。

生词学习

卞（biàn）：急躁。姓。

觊觎（jì yú）：希望得到（不应该得到的东西）。

邺（yè）：古地名，在今河北临漳。

滔滔不绝（tāo）：形容流水不断。像流水那样毫不间断。指话很多，说起来没个完。

羹（gēng）：用肉或菜做成的糊状食物。

不卑不亢（bēi kàng）：既不自卑，也不高傲，形容待人态度得体，分寸恰当。也说不亢不卑。

漉（lù）：过滤。

菽（shū）：煮熟后发酵过的豆。

萁（qí）：豆茎，晒干后用作柴火烧。

叡（ruì）：同“睿”。

釜（fǔ）：古代的一种锅。

鄄城（juàn）：地名，在山东。

百炼成金

知识考点

曹植字子建，是建安文学的代表人物之一与集大成者，代表作品有《七步诗》《白马篇》《洛神赋》《七哀诗》《飞龙篇》。“三曹”分别为曹操、曹丕和曹植。

默写练习

曹植（bù bēi bú kàng）地回答

时刻（jì yú）你的地位

一人一首代表作

杂诗七首·其四

南国有佳人，容华若桃李。
朝游江北岸，夕宿潇湘沚。
时俗薄朱颜，谁为发皓齿？
俯仰岁将暮，荣耀难久恃。

沚（zhǐ）：水中的小块陆地。

南方有一位美丽的女子，她的面容如桃花般芳艳，如李花般清丽。

早晨她来到江北岸边游玩，夜晚她到潇湘的小岛中休憩。

当世的风气轻视美丽的容颜，贝齿轻启的微笑为谁而发呢？

转瞬间，岁月消逝，青春的美貌也难以长存。

陶渊明 中国第一位田园诗人

陶渊明

352 或 365 — 427
字元亮，晚年更名“潜”
著有《陶渊明集》
田园诗派创始人

> 陶渊明是中国第一位田园诗人，被称为“古今隐逸诗人之宗”，还是我国文学史上第一个大量写饮酒诗的诗人，他是在怎样的情境下走上诗人道路的呢？

名将陶侃，名士孟嘉，一文一武的两人是东晋时期的耀眼人物，他们有一个共同的后代，就是陶渊明，陶侃的曾孙、孟嘉的外孙。小时候，受家庭的影响，陶渊明读了很多书。随着年龄的增长，陶渊明的心里萌生了两个梦，一个梦是像曾祖父陶侃那样济世安民，另一个梦是像外公孟嘉那样洒脱不羁，率性本真地活出自我。

一开始，跟随着主流价值观，陶渊明走了当官的路线。可是，陶渊明生活的时代正是魏晋南北朝的纷乱时代，想要安安稳稳做官，为国家为人民做一点事，谈何容易。连续四次出仕，陶渊明都没遇到一个干正事的上司，他都是没干几天就辞职了。

陶渊明最初的家境还不错。后来，父亲去世了，他的工作又一直没有起色，人到中年的陶渊明，生活成了问题。为了一家老小的生存，陶渊明虽然很抵触官场，还是在叔叔的引荐下，第五次出仕，做了彭泽县令。可上任没几天，陶渊明就碰到了上级部门派遣督邮来检查公务，督邮这个官职类似于太守秘书，品阶虽然不高，但因为是太守跟前的人，旁人不敢轻

易得罪他。这个来视察的督邮以凶狠贪婪而臭名昭著，每次巡视都会索要贿赂（huì lù），否则就在太守面前栽赃陷害对方。

听说督邮要来，小吏就很紧张地嘱咐刚下班的陶渊明："老爷请赶紧换回官服去迎接他。这位督邮大人向来讲究排场，不给足他面子的话，未来可能会影响您的前程。"

这个督邮大人靠拍马屁得到了太守的宠爱，现在要让自己盛装去迎接他，还要给他好处才能打发他……想到这些，陶渊明又无奈又气愤，他气哄哄地说："吾不能为五斗米折腰，拳拳事乡里小人邪！"我怎么能为了五斗薪俸（xīn fèng），就低声下气向小人行贿赂献殷勤。说完，他果断地辞职了。自此，陶渊明彻底抛弃了原先的济世安民之梦，归隐田园。

陶渊明笔下的隐居生活悠然、舒适、自在、惬（qiè）意，处处都诗意盎然。可现实却大不同。在陶渊明退居田园的第三年，家中失火，把房子和储备的粮食烧得一干二净，全家人陷入了赤贫边缘。

这时有好心人劝他再出仕，陶渊明没有听，他在《咏贫士》一诗中表明了自己的态度："量力守故辙，岂不寒与饥？"量力而行，回归初心，守住原来的路，忍受饥寒有何不可？

在归隐之后，生活虽然清苦，但是陶渊明过得很是自由自在。陶渊明最大的爱好就是喝酒。每次喝到醉醺醺的状态时，陶渊明都会诗意大发，他随手拿过一页纸来，随手一挥，就是洋洋洒洒的一篇文章。第二天酒醒后，陶渊明再把写好的文章拿过来加工润色一下，一篇大作就成型了。率真、自我、自然、随性、洒脱，陶渊明的后半生就这样在世俗中达到了超然脱俗的境界。

生词学习

贿赂（huì lù）：用财物买通别人；用来买通别人的财物。

惬意（qiè yì）：满意；称心；舒服。

薪俸（xīn fèng）：薪水（旧时多指官吏的薪金）。

百炼成金

知识考点

陶渊明是田园诗派创始人，是中国第一位田园诗人，被称为“古今隐逸诗人之宗”，还是我国文学史上第一个大量写饮酒诗的诗人。与他有关的典故有“不为五斗米折腰”。

默写练习

huì lù
索要（　　　）

qiè yì
生活自在、（　　　）

一人一首代表作

饮酒·其五

结庐在人境，而无车马喧。
问君何能尔？心远地自偏。
采菊东篱下，悠然见南山。
山气日夕佳，飞鸟相与还。
此中有真意，欲辨已忘言。

居住在人世间，却没有车马的喧嚣。问我为何能如此？只要心志高远，自然就会觉得所处地方僻静了。在东篱之下采摘菊花，悠然间，那远处的南山映入眼帘。山中的气息与傍晚的景色十分好，有飞鸟，结着伴儿归来。这里面蕴含着人生的真正意义，想要辨识，却不知怎样表达。

李白 伟大的浪漫主义诗人

李白

701 — 762

字太白，号青莲居士，又号“谪（zhé）仙人”

作品收于《李太白集》

唐代伟大的浪漫主义诗人，被后人誉为“诗仙”

> 李白的诗，既豪迈奔放，又清新飘逸，而且想象力丰富，意境奇妙，语言轻快，正因为如此，人们才称他为“诗仙”，又将他与杜甫并称为“李杜”。

李白绝对算得上唐代文学史上数一数二的大咖。他“五岁诵六甲，十岁观百家”，15 岁时拜师专门学习从政之术，小小年纪就立下济苍生、安社稷（shè jì），辅佐明君治理国家的远大志向。

24 岁那年，李白离开故乡，带着满腔凌云壮志和强烈的建功立业之心踏上远游求官的征程：“大鹏一日同风起，扶摇直上九万里。”他把自己比喻成大鹏，大鹏总有一天可以借助风力而飞，一下子飞上九万里的高空。然而，事情没有他想象的那么顺利，一直到 42 岁，将近 20 年时间，李白都没能谋得一官半职，更没机会施展自己的才学和抱负。

这段时间，李白去了很多地方，攀了许多山、游了许多湖、结识了很多朋友，仕途上没有起色，倒是创作了很多不朽的诗篇。比如，《望庐山瀑布》《赠孟浩然》《乌栖曲》等。在《蜀道难》里，李白借着歌咏蜀地（四川）山川的壮秀，显示祖国山河的雄伟壮丽和对大自然的热爱的同时，表达了自己壮志难酬的心情：“蜀道之难，难于上青天。”在另一首诗歌《行路难》里，他也发出了同样的感叹：“行路难，行路难，多歧路，今安在。”

742 年，42 岁的李白，在唐代另一位大诗人贺知章的举荐下，有了一次进宫面圣的机会。玄宗当场问了一些问题，李白凭半生饱学及长期对社会的观察，胸有成竹，对答如流。玄宗对他大为赞赏，封李白做了翰林学士。

翰林学士的职务是给皇上写诗作文，玄宗每有宴请或郊游，必定让李白在旁边陪着，发挥他敏捷的诗才，记录当天的盛况。时间长了，李白心里越来越不是滋味了，他原以为自己终于等来了济世安民的机会，可实际上，对于政事，他连边都摸不着，唐玄宗周围，都是一些像李林甫、杨国忠那样的趋炎附势的小人，他的角色是唐玄宗的御（yù）用文人，就是供皇帝解闷散心的。最终，李白在朝中待了仅仅两年，就主动辞官离京了！

正应了他的那句诗："安能摧眉折腰事权贵，使我不得开心颜。"

辞职之后，李白又开始了游览名山大川的日子。不久，安史之乱开始了。李白没有心情游玩了，他很想为国家做一些事，可一直没找到门路。756年，在永王李璘（lín）的三次邀请之后，李白去了寻阳做了永王的幕僚。后来，永王叛乱，被唐肃宗杀了。李白受牵连，被判流放夜郎（今贵州关岭县一带）。流放途中，李白遇到皇帝大赦天下，这才重获自由。

这个时候的李白，一心为国，却毫无建树，生活也居无定所、穷困潦倒。当涂县令李阳冰很仰慕李白的文才和人品，得知李白的遭遇后，把李白在当涂安置下来，照顾他的生活。不过，这时的李白已经油尽灯枯了。762年，李白死于当涂的住所，时年61岁。

生词学习

谪（zhé）：封建时代把高级官员降职并调到边远地方做官。神话传说中指神仙受了处罚，降到人间。责备；指摘。

社稷（shè jì）："社"指土神，"稷"指谷神，古代君主都祭社稷，后来就用"社稷"代表国家。

御用（yù yòng）：皇帝君主专用的，为统治者利用的人。

璘（lín）：玉的光彩。

百炼成金

知识考点

李白号青莲居士，又号“谪仙人”。是唐代伟大的浪漫主义诗人，被后人誉为“诗仙”。后世将李白与杜甫并称为“李杜”。

默写练习

shè jì

立下济苍生、安（　　　）的志向

yù yòng

他成了（　　　）文人

一人一首代表作

望庐山瀑布

日照香炉生紫烟，遥看瀑布挂前川。
飞流直下三千尺，疑是银河落九天。

香炉峰在阳光的照射下生起紫色烟霞，
远远望见瀑布似白色绢绸悬挂在山前。
高崖上飞腾直落的瀑布好像有几千尺，
让人恍惚以为银河从天上泻落到人间。

杜甫 伟大的现实主义诗人

杜甫

712 — 770

字子美，自号少陵野老

作品收集在《杜工部集》中

唐代伟大的现实主义诗人，被后人称为“诗圣”，他的诗被称为“诗史”

> 杜甫现今流传下来的诗歌约有1500首，这些诗歌记录了唐朝由兴盛到衰落这个转折过程中的点点滴滴，在中国古典诗歌中的影响非常深远。杜甫是在怎样的情境下创作出这些诗歌的呢？

杜甫出身于书香世家，小时候很贪玩，偷梨、摘枣，动不动就上树，连板凳都坐不住，这让爷爷很生气，开始了对他的严厉管教。慢慢地，杜甫改掉了贪玩的习惯，开始发奋苦读。

719年，杜甫7岁。一天，父亲教他背诵古代的赋，提到了凤凰。杜甫对凤凰很好奇，就问：“凤凰鸟是什么样的？”父亲告诉他：“凤凰鸟是古代传说中的鸟王，雄为凤，雌为凰。它头像鸡，颈如蛇，领似燕，背如龟，尾如鱼。这种鸟不与其他凡鸟为群，是高洁的象征。”小杜甫听了，若有所思地说：“有志的人也应该像凤凰，对不对？”父亲欣慰（xīn wèi）地点头称是，同时不忘提醒他：“辞赋家张衡为写好《二京赋》，整整花了十年的功夫，你要想有大作为，也得继续下苦功才行啊！”

自此之后，杜甫花了更多心思在读书上，他对古今名家作品朝吟夕诵，反复咀嚼，直到对内涵全部理解，对写作手法和技巧全部领会。进一步地，他开始琢磨发展和创新，如醉如痴地沉浸在创作的海洋中。

732 年，20 岁的杜甫参加科举考试，他原本对自己信心满满，却被现实浇了一盆凉水，没考中。落榜的杜甫决定四处游学。他走了很多地方，这不仅充实了他的生活，也开扩了他的视野和心胸，还结识了很多朋友，李白就是其中一个。

不过，杜甫一直有着“致君尧舜上，再使风俗淳”的理想抱负，想辅佐尧舜那样的君王，在仕途中实现自己治国救民的抱负。747 年，杜甫又一次参加了科举考试，可因为权相李林甫的阻扰，再次落选了。科举之路行不通，杜甫为实现自己的政治理想，不得不四处走门路，拜访权贵，推销自己。

755 年，44 岁的杜甫终于得到了一个看管库房的小官职。在任职期间，他请了几天假赶回家给妻儿报信，结果，还没走进家门，就听见了惊天动地的哭声，原来是他的小儿子饿死了。突如其来的丧子之痛，让杜甫悲痛

不已，他感叹“朱门酒肉臭，路有冻死骨”。那些贵族人家飘出酒肉诱人的香味，而穷苦老百姓却在街头被冻死饿死，这些冻饿而死的穷人谁去埋葬啊？

755 年年底，安史之乱爆发，杜甫一家随着逃难的人群四处流离，靠亲友的救济生活。这个过程中，杜甫眼见了哀鸿（āi hóng）遍野，民不聊（liáo）生，由此创作了著名的“三吏”“三别”，记录了“安史之乱”中国家的动荡和老百姓的流离之苦，成为不朽的史诗。

公元 763 年，长达八年之久的“安史之乱”终于结束，杜甫辗转来到成都，依附朋友严武，在城西建浣花草堂，过上了相对安定的生活。严武去世后，杜甫思乡心切，决定北归。可惜的是，770 年冬，诗人病逝于途中，时年 59 岁。

生词学习

欣慰（xīn wèi）：喜欢而心安。

民不聊生（liáo）：聊：依赖，凭借。老百姓无以为生，没有办法生活下去。

哀鸿遍野（āi hóng）：哀鸿：哀鸣的大雁，比喻流离失所的灾民。形容到处都是呻吟呼号、流离失所的难民之悲惨景象。

百炼成金

知识考点

杜甫字子美，自号少陵野老，作品收集在《杜工部集》中。他是唐代伟大的现实主义诗人，被后人称为“诗圣”，他的诗被称为“诗史”。

默写练习

xīn wèi

父亲（　　　）地点头称是

āi hóng biàn yě　　　mín bù liáo shēng

杜甫眼见（　　　　　　），（　　　　　　）

一人一首代表作

绝句

两个黄鹂鸣翠柳，一行白鹭上青天。
窗含西岭千秋雪，门泊东吴万里船。

两只黄鹂在翠绿的柳树间鸣叫，
一行白鹭直冲向蔚蓝的天空。
坐在窗前可以看见西岭千年不化的积雪，
门前停泊着自万里外的东吴远行而来的船只。

韩愈 唐宋八大家之首

韩愈

768 — 824

字退之，世称“韩昌黎”“昌黎先生”

有《韩昌黎集》传世

唐代古文运动的倡导者，被后人尊为“唐宋八大家”之首

> 韩愈有“文章巨公”和“百代文宗”之名，后人将其与柳宗元、欧阳修和苏轼合称“千古文章四大家”，他又与柳宗元并称“韩柳”，他是怎样走上文学道路的呢？

韩愈自小父母双亡，由守寡的嫂子拉扯着长大，生活自然困苦不已。他小时候不用人督促，就知道自我约束、刻苦读书，他很清楚只有读书才能改变命运，才有能力减轻嫂子的生活负担。

可想改变命运并不容易。韩愈接连参加了四次科举考试才考中，随后，他又接连四年参加吏部选拔人才的考试，才得到了官职。韩愈的仕途如此波折，一个主要的原因是：当时的主流审美是优美的骈（pián）文，而韩愈写出来的文章却是专揭社会伤疤（bā）的论述性文章，这跟当时的主流文化是格格不入的。可韩愈却坚持自己的观点，不肯随波逐流。

802 年，韩愈被任命为国子监四门博士，他学识渊博，讲课生动，受到学生们的欢迎和尊敬。

有一天，韩愈家中聚集了不少朋友和学生。大家谈论历史，评说文章，十分热闹。一个学生问韩愈：“先生，您主张写文章要以古圣贤人为师，反对骈体文。难道骈体文就无丝毫可取之处吗？”

韩愈微微一笑说：“六朝以来的骈体文当然也有写得比较好的，像王

勃的《滕王阁序》。但是作为一种文体，它过分追求形式的完美，忽视内容的表达，这样太束缚（shù fù）思想了。而古文呢，形式就不这样严格，可以任意抒发自己的感受和见解。所以我要大家学习古文。”

这个时期，韩愈培养了很多青年学生，自己也写了不少优秀的古文，如《师说》《进学解》等等。其中不少名句为人们所传诵，如“师者，所以传道受业解惑也”“业精于勤荒于嬉，行成于思毁于随”等等。在他的推动下，古文运动的声势日渐壮大，在当时铁板一块的骈文中硬是划开了一个豁口。

韩愈天生是个革命者，古文运动是文学上的革命，他还曾试图在其他领域掀起革命风暴。819 年，唐宪宗为了祈求长寿，派人把佛骨（佛教创始人释迦牟尼的遗骨）迎进了皇宫，供奉了三天，又下令长安各大寺庙轮流展出佛骨。这一来，上自王公贵族，下到平民百姓都争先恐后地迎拜佛骨，向寺庙捐献财物。为了拜佛骨，不少人弄得倾家荡产。韩愈看到这些，十分生气，立刻给唐宪宗写了一份奏章《论佛骨表》，直言这样做是不对的。唐宪宗看完奏章勃然大怒，把他贬为潮州刺史，让他到八千里外的偏僻之地去了。

韩愈在官场，多次被重用，又多次被贬，他始终不改自己的理念和坚持。824 年，韩愈因病逝世，终年 57 岁。

生词学习

伤疤（bā）：伤口愈合后留下的痕迹。也比喻过去的错误、隐私、耻辱等。

骈（pián）：并列的；对偶的。姓。

束（shù）缚（fù）：缠绕捆绑。

百炼成金

知识考点

韩愈字退之，世称“韩昌黎”“昌黎先生”，有《韩昌黎集》传世。他是唐代古文运动的倡导者，被后人尊为“唐宋八大家”之首。韩愈有“文章巨公”和“百代文宗”之名，后人将其与柳宗元、欧阳修和苏轼合称“千古文章四大家”，他又与柳宗元并称“韩柳”。

默写练习

shù fù

这样太（　　　）思想

qīng jiā dàng chǎn

不少人弄得（　　　　　　　）

一人一首代表作

早春呈水部张十八员外

天街小雨润如酥，草色遥看近却无。
最是一年春好处，绝胜烟柳满皇都。

长安街上细密的春雨润滑如酥，远望草色依稀连成一片，近看时却显得稀疏。一年之中最美的就是这早春的景色，远胜过绿柳满城的春末。

白居易 唐代三大诗人之一

白居易

772 — 846

字乐天，号香山居士，又号醉吟先生

唐代三大诗人之一，另两位是李白、杜甫

白居易的诗歌题材广泛，形式多样，语言平易通俗，现存诗歌两千八百多首，被后人誉为“诗魔”和“诗王”。他是靠什么称王的呢？

白居易出生于一个“世敦（dūn）儒业”的中小官僚家庭。他从小就聪颖过人，读书还十分刻苦，据说，他读书读得口都生出了疮，手都磨出了茧（jiǎn），年纪轻轻的，头发全都白了。

16 岁那年，学有所成的白居易到长安游学，按照当时的惯例，他带着自己的文稿到著名学者顾况的府上拜访求教。

顾况接过白居易双手呈上的诗册，只见上面工整地写着“白居易”三字，忍不住开玩笑说：“居易居易，长安米贵，居大不易啊！”言下之意，如果没真本事，在长安城可混不下去。

白居易听了，没说话，只是恭恭敬敬地在一边站着。

顾况翻开书稿，“野火烧不尽，春风吹又生”，他反复吟诵，越发觉得言简意深，意味深远，忍不住上前握住白居易的手说：“有句如此，居天下有甚难！”能写出这么好的诗，在哪儿都能有一片立足之地啊！

自此之后，顾况经常向别人谈起白居易的诗，对他盛加夸赞，白居易的诗和名望很快就传开了。有了诗和名，白居易又在科考中取得了不错的成绩，很顺利地进入朝廷中心，当上了翰林学士，成了皇帝身边的人。

不过，当时的朝廷很混乱，大臣间争权夺利，明争暗斗，皇帝却政治荒怠，不听劝谏。一开始，白居易满腔热血，提了很多好的建议，结果，皇帝不领情，权臣们也视他为眼中钉，白居易因此多次被贬。

《孟子》说："穷则独善其身，达则兼善天下。"白居易把这句话作为自己终生遵循的信条。兼济天下的路走不通，白居易转而开始独善其身，修身养性。

这段时间，他写出了很多传世佳作，比如《琵琶行》："千呼万唤始出来，犹抱琵琶半遮面"，"别有幽愁暗恨生，此时无声胜有声"，"同是天涯沦落人，相逢何必曾相识"。很多诗句现在仍旧广为流传。

白居易的文字简洁明快、通俗易懂，却有着深入人心的力量，这跟白居易的一个写作习惯有很大关系。

相传，白居易的邻居是一个老妇人，没有什么文化，但是白居易十分

尊重她。白居易每天在家里不断地写诗，写好了修改后都会念给老妇人听。老妇人有听不懂的地方或是嫌他的语言烦琐时就会说出来，白居易就拿回家继续修改，再念给她听，直到老妇人也觉得满意了为止。白居易不仅跟着文学大师学习，还跟邻居老妇人学习，这才让他的文字锤炼出一种独特的魅力来。

白居易的晚年主要是和朋友游山玩水，创作诗歌，钻研佛学，还有了香山居士的称号。最终，白居易在 74 岁时因病安然去世。

生词学习

敦（dūn）：厚道。诚恳。

茧（jiǎn）：本义是蚕吐丝做成的壳，后引申多指茧丝等；又同“趼”，手、脚上因劳动、走路等摩擦而生的硬皮。

百炼成金

知识考点

白居易字乐天，号香山居士，又号醉吟先生，唐代三大诗人之一，另两位是李白、杜甫。他的诗歌题材广泛，形式多样，语言平易通俗，被后人誉为“诗魔”和“诗王”。

默写练习

shì dūn rú yè

一个（　　　　　　）的家庭

一人一首代表作

忆江南·江南好

江南好，
风景旧曾谙。
日出江花红胜火，
春来江水绿如蓝，
能不忆江南？

江南好，我对江南的美丽风景曾经是多么熟悉。春天的时候，晨光映照下的岸边红花，比熊熊的火焰还要红，碧绿的江水绿得胜过蓝草。怎能叫人不怀念江南？

杜牧 晚唐杰出诗人

杜牧

803 — 约 852

字牧之，号樊川居士

著有《樊川文集》

晚唐杰出诗人，为跟杜甫相区分，被称为“小杜”。与李商隐齐名，合称“小李杜”

> 杜牧见证了“安史之乱”之后唐朝日益严重的内忧外患，很想为振兴唐朝做些什么，却没有机会，这反而成就了他创作上的繁荣。

杜牧的家世非常显赫，他的祖父是三朝宰相，父亲是高官，他家在郊区有别墅，在长安城的中心区还有豪宅。豪宅不作其他用处，专门用来装书，这些书足足有一万册，到处都塞得满满当当的。

在杜牧 10 岁左右的时候，爷爷去世，父亲也很快撒手人寰（huán），杜牧迎来了人生的至暗时刻：家里的房子用来抵债；家里的奴婢和仆人相继离开了；他们一家多次搬家，最惨的时候被迫在寺庙寄宿；他的哥哥骑着驴四处投靠朋友，而他和弟弟饿到吃野蒿藿（hāo huò）。他作为一介书生，什么求生技能也没有，只能边读书，边哀叹。

有一句话说：“由俭入奢易，由奢入俭难。”杜牧家遭受了这样的变故，从高高在上到跌落尘埃，他心理的落差可想而知。万幸的是，杜牧读了很多书，肚子里有墨水，没了家庭可以依靠，他还有浑身的才华，这就是他挑战现实、改变命运的本钱。

虽然生活颠沛流离，杜牧的学问一天也没落下，陆陆续续地，他写了很多不错的文章。其中，《阿房宫赋》运用了想象、比喻与夸张等手法以

及描写、铺排与议论等方式，文章语言精练，工整而不堆砌，富丽而不浮华，得到了文学界的一致赞誉。

26 岁时，杜牧报名参加科考，当时在学术界非常有地位的太学博士非常喜欢《阿房宫赋》，他向主持科举的考官崔郾（yǎn）大力推荐杜牧。唐朝的科举实行推荐制，权贵名流的推荐占很大比重。就这样，杜牧什么都没干，凭着一篇文章，就轻松拿下了当年科考的第五名。

自小杜牧就有着“济世补天”的政治理想，可等他进入官场后，他的理想反而破灭了。牛僧孺（rú）和李德裕是唐朝中后期政坛的两位大佬，围绕在这两人身边的一大帮官员，站队互掐，整整达四十年，形成了历史上著名的“牛李党争”。杜牧和牛僧孺的私交很好，却认同李德裕的政治观点，结果，两边都不认可他，一直都没重用他。

842 年，杜牧外放为黄州刺史。黄州是一个荒僻的地方，经济落后，民风也野蛮，杜牧住的地方就跟野人部落似的。他外放黄州，其实就是一种贬谪，杜牧却不以为意，他有了新的目标：为老百姓做一点儿实事。一方面，他做了很多兴利除弊、利于人民的事，把黄州治理得井井有条；另一方面，他极力在黄州推崇孔子思想。他在当地的孔子山扩建孔庙，还在庙里设置学堂，教化百姓。当时，杜牧有很多政务要处理，他还是坚持定期在学堂里讲学。他讲学的时候，学堂里里外外都坐满了听讲者，其中很多人是从很远的地方赶过来的。

除了为百姓做点力所能及的事，这段时间还是杜牧诗文创作的高峰期，他写出了很多精妙绝伦的诗文，比如《赤壁》《兰溪》《题木兰庙》《云梦泽》《题桃花夫人庙》等等。杜牧官场失意，反而在其他领域迎来了生命的绽放。

生词学习

人寰（huán）：人间，人世。

蒿（hāo）藿（huò）：泛指野草。

郾（yǎn）：郾城，地名，在河南。

孺（rú）：小孩儿；幼儿。

百炼成金

知识考点

杜牧字牧之，号樊川居士。著有《樊川文集》。晚唐杰出诗人。为跟杜甫相区分，被称为“小杜”。与李商隐齐名，合称“小李杜”。

默写练习

很快（sā shǒu rén huán）

由俭入奢易，（yóu shē rù jiǎn nán）

做了很多（xīng lì chú bì）、利于人民的事

一人一首代表作

江南春

千里莺啼绿映红，水村山郭酒旗风。
南朝四百八十寺，多少楼台烟雨中。

辽阔的江南到处莺歌燕舞绿树红花相映，水边村寨山麓城郭处处酒旗飘动。南朝遗留下的许多座古寺，如今有多少笼罩在这朦胧烟雨之中。

李煜 千古词帝

李煜（yù）

937—978

初名从嘉，字重光，号钟山隐士、钟锋隐者、莲峰居士

南唐中主李璟（jǐng）第六子，南唐末代君主，千古词帝

历史上，被称为“千古词帝”的仅此一人，他就是南唐后主李煜，一方面，他有帝王的身份；另一方面，这是对他在词坛成就的肯定。他的作品在晚唐五代词中别树一帜，对后世词坛影响深远。身为皇帝，他是如何走上创作道路的呢？

李煜，初名从嘉，寓意是从心顺意、万世清嘉。作为南唐国君李璟的第六个儿子，在“立长不立幼”的封建习俗下，他出生就自带了“富贵王爷命”，从没想过跟皇位有关系。可万万没想到，命运偏偏跟他开了个玩笑。

959年，太子李弘冀突然病逝，两年后，国君李璟去世，李从嘉仓促间继位登基。临死前，李璟给李从嘉改名李煜，“煜”是照耀的意思，他希望儿子能像舜帝那样光耀千古，照亮南唐晦暗的前程……事情证明，他想得太天真了。

对李煜来说，国君的位置来得太出乎意料，他根本没有机会接受继承人培训，也不知道该怎么做国君。当时的南唐内外都处于风雨飘摇之际，可他不知道该怎么力挽狂澜，唯有捂住耳朵躲起来，在虚幻的快乐里沉沦。

很长一段时间里，李煜日日听歌赏舞，吟诗作画，他写下了大量旖旎（yǐ nǐ）轻浮的诗词，记录着作为帝王的奢靡生活。如《木兰花·晓

妆初了明肌雪》这首词，写嫔妃宫女满宫殿、晚间歌舞鱼贯列，饮酒听歌、月夜踏马，一派歌舞升平，可以说是他为帝时纵情声色的真实写照。

公元 974 年，宋太祖派十万大军分水陆两路攻打南唐，很快就打到金陵城边。当时，李煜还在宫里跟一批和尚、道士诵经、讲道，他见大势已去，就叫人在宫里堆了柴草，准备放火自杀，但是犹豫再三，还是没有赴死的勇气，最后只好束手就擒。

李煜被押到东京后，一开始，宋太祖对他还比较优待。但是李煜从一个尽情享乐的国君变成一个亡国的俘虏，心里十分辛酸，每天流着眼泪过日子。在这极度的痛苦中，李煜开始了他的“词帝”之路，在短短的三年时间里，创作了近三十首可以传世的杰作。月夜，他在自己的小院子里溜达，心情凄苦，于是，他写道：“剪不断，理还乱，是离愁，别是一般滋味在心头。”半夜惊醒，听见窗外的雨声，他才意识到，重回故国也只不过是一个梦，他写道：“独自莫凭栏，无限江山，别时容易见时难。流水落花春去也，天上人间！”

978年农历七月初七，既是七夕节又是李煜的生日，他举办了一个小型宴会，让乐工们演唱了自己刚填的一首词，这就是流传千古的《虞美人》：

春花秋月何时了，往事知多少。
小楼昨夜又东风，故国不堪回首月明中。
雕栏玉砌应犹在，只是朱颜改。
问君能有几多愁，恰似一江春水向东流。

宋太宗一听这首词大为光火，认为他是“人还在心不死”，想复辟变天，于是就以祝贺生日的名义，赐了一壶毒酒给李煜。当晚，李煜毒发身亡。

生词学习

煜（yù）：照耀。火焰。

璟（jǐng）：玉的光彩。

旖旎（yǐ nǐ）：本义为旌旗随风飘扬的样子，引申为柔和美丽，多用来描写景物柔美、婀娜多姿的样子；也比喻女子美丽。

百炼成金

知识考点

李煜是南唐中主李璟第六子，世称李后主，字重光，是南唐末代君主，千古词帝。他的作品在晚唐五代词中别树一帜，对后世词坛影响深远。

默写练习

lì wǎn kuáng lán

怎么（　　　　　　　）

dà shì yǐ qù　　　　　　shù shǒu jiù qín

他见（　　　　　　　），只好（　　　　　　　）

一人一首代表作

相见欢·林花谢了春红

林花谢了春红，太匆匆。
无奈朝来寒雨晚来风。
胭脂泪，相留醉，几时重。
自是人生长恨水长东。

姹紫嫣红的花儿转眼已经凋谢，春光未免太匆忙。也是无可奈何啊，花儿怎么经得起那凄风寒雨昼夜摧残呢？着雨的林花娇艳欲滴好似那美人的胭脂泪。花儿和怜花人相互留恋，什么时候才能再重逢呢？人生可遗憾的事情太多，就像那东逝的江水，不休不止，永无尽头。

柳永 北宋婉约派文学代表

柳永

约 984 — 约 1053

原名三变，字景庄，后改名柳永，字耆（qí）卿，因排行第七，又称柳七

代表作《乐章集》

北宋婉约派文学的代表人物

> 柳永除了是北宋婉约派文学的代表人物，也是第一位对宋词进行全面革新的词人，还是两宋词坛上创用词调最多的词人。革新的道路总是伴随着惊涛骇浪，柳永是怎样度过的呢？

柳永出身于河东柳氏这个名门望族，原名柳三变。他天资聪慧，勤奋好学，在良好的家风影响下，10 岁的时候就写下了一篇《劝学文》："父母养其子而不教，是不爱其子也。虽教而不严，是亦不爱其子也。父母教而不学，是子不爱其身也。虽学而不勤，是亦不爱其身也。"这篇文章见地深刻、逻辑清晰，所表达的教育观念拿到现代都不过时，人们很难想象它出自一个十岁孩子的笔下，无不称奇。

1002 年，寒窗苦读十余年的柳三变，离开家乡，准备经杭州奔东京汴梁参加科举考试。到了杭州后，眼前的湖光山色、市井繁华、歌舞升平，给了柳三变很大的冲击，他内心的浪漫和多情再也抑制不住，破土而出。兴之所至，柳三变创作了很多诗词来描绘城市的繁荣景象和市民的游乐情景。其中《望海潮》得到了歌女们的认可，她们竞相吟唱，一时之间，柳三变红遍江南，在民间无人不知、无人不晓。

1008 年，柳三变进入京师参加科考，他自以为凭借着满身的才华一定

能取得不错的成绩，没想到，民间的认可没给他加分，还成了他进入仕途的阻力。

当时，“诗庄词媚”的思想偏见仍旧根深蒂（dì）固，只有像诗歌、散文这类才能算作是正规的、庄重的文学，词被认为是“媚俗”的文学，难以登上大雅之堂。而柳三变正是“媚俗”的代表，柳永的第一次考试以失败告终了。

柳三变正意气风发，却遭到了这样的打击，他愤慨之下写了一首《鹤冲天》，最后一句是，“忍把浮名，换了浅斟低唱！”既然功名难寻，那我去酒馆歌楼中找认可我的人去。

皇帝知道后，戏谑（xuè）地说：“那就让他‘且去填词’吧！”一句话把柳三变拉入了科考的黑名单。

后来，柳三变连续四次参加了科举考试都落榜了，心灰意冷下，他转身投入了青楼，成了一个作词人，还自嘲“奉旨填词”。这段时间，他创作了很多优美的词作，造就了独特的“俚俗（lǐ sú）词派”，也奠定了他的文学地位。

1034 年，50 岁的柳三变得到消息，这次科考要放宽录取尺度，他决定再试一下。这次，他多了个心眼，把名字改成了柳永，以避免节外生枝。这次考试，他顺利通过了，并得到了浙江余杭县县令的官职。

柳永做地方官做了三任九年，都有不错的政绩，并且深得百姓的爱戴，按照惯例，他应该回中央，升升官了。这时，他创作的“媚俗”文学又一次成了他仕途的拦路虎，他申请了很多次，一直没能成功。1049 年，柳永终于得到了一个屯田员外郎的官职。四年后，69 岁的柳永带着满心的不甘离开了人世。

生词学习

耆（qí）：年老，六十岁以上的人。

俚俗（lǐ sú）：粗野庸俗。

戏谑（xuè）：用逗趣的话开别人的玩笑。

百炼成金

知识考点

柳永原名三变，后改名柳永，字耆卿，因排行第七，又称柳七。代表作《乐章集》。是北宋婉约派文学的代表人物。柳永是第一位对宋词进行全面革新的词人，还是两宋词坛上创用词调最多的词人。

默写练习

gēn shēn dì gù
仍旧（　　　　　　　）

xì xuè
（　　　　）地说

qiǎn zhēn dī chàng
换了（　　　　　　　）

一人一首代表作

蝶恋花·伫倚危楼风细细

伫倚危楼风细细，望极春愁，黯黯生天际。
草色烟光残照里，无言谁会凭栏意。
拟把疏狂图一醉，对酒当歌，强乐还无味。
衣带渐宽终不悔，为伊消得人憔悴。

我伫立在高楼上，细细春风迎面吹来，极目远望，不尽的愁思，黯黯然弥漫天际。夕阳斜照，草色蒙蒙，谁能理解我默默凭倚栏杆的心意？本想尽情放纵喝个一醉方休，当在歌声中举起酒杯时，才感到勉强求乐反而毫无兴味。我日渐消瘦也不觉得懊悔，为了你我情愿一身憔悴。

欧阳修 北宋古文运动代表

欧阳修

1007 — 1072

字永叔，号醉翁，晚号六一居士

有《欧阳文忠集》传世

北宋古文运动的代表

> 中唐时期，以韩愈、柳宗元为首的有识之士曾掀起一场古文运动。到了宋代，有个人又一次扛起了古文运动的大旗。他领导的古文运动结束了骈文从南北朝以来长达六百年的统治地位，为后人提供了一种便于论事说理、抒情述志的新型古文。这个人就是欧阳修。

欧阳修 4 岁时，父亲就去世了，母亲靠着给别人洗衣服、做针线活儿来维持一家的生活。眼看着到了上学的年龄，家里穷得没法供欧阳修上学，幸好母亲郑氏认得几个字，她在辛苦劳作之后，自己教欧阳修识字读书。

为了省下纸笔钱，郑氏把细沙倒在院子里当纸，将芦苇秆当笔，这样一个字一个字地教欧阳修去读去写。欧阳修很珍惜这样的学习机会，很快就把常用的字学会了。

母亲能教的都教完了，她就从牙缝里省出钱来，给欧阳修买旧书回来读。这些书很快就不够看了，欧阳修就到附近藏书多的人家去借书读。遇到好的书，为了以后能回头翻看，他就会把借来的书抄录下来，经常是书抄完了，整本书也背过了。

有一次，欧阳修在一家姓李的人家借书，从那家的废纸篓里发现了一本唐代文学家韩愈的文集，就借来细细阅读。宋朝初年的时候，社会上流行的文风仍旧讲求华丽，内容空洞。欧阳修读了韩愈的散文，觉得它文笔

流畅，说理透彻，跟流行的文章完全不一样。他整个人犹如醍醐灌顶（tí hú guàn dǐng）般豁然开朗，这为他日后推动古文运动播下了种子。

1030 年，23 岁的欧阳修通过了科考，顺利进入官场。有一年，欧阳修负责主持《新唐书》的修撰。当时北宋文坛古文发展得有点过火，大家喜欢写古文吸引眼球，可没有足够的天赋，文章往往写得生僻难懂。其中负责写列传的宋祁（qí），尤其喜欢用些生僻的字眼。从年龄、资历上说，宋祁都是欧阳修的前辈，欧阳修不好直接说他，只好委婉地讽劝。

一天早上，欧阳修在书局的门上写了八个字：“宵寐 (mèi) 非祯 (zhēn)，札（zhá）闼（tà）洪休。”宵是夜宵的宵，寐是假寐的寐，祯是吉祥的意思，“宵寐非祯”意思是晚上做了一个不好的梦。札指的是古代写字用的木片，闼是门的意思，洪休的意思是洪福，“札闼洪休”的意思是在门上写字祈祷大吉大利。宋祁来了，端详了半天，终于悟出了是什么意思，就笑说：“这不就是一句俗话‘夜梦不祥，题门大吉’嘛，至于写成这样吗？”欧阳修笑着说：“我是在模仿您修《唐书》的笔法呢。您写的列传，把‘迅雷不及掩耳’这句大白话，都写成‘震霆无暇掩聪’了。”宋祁听了，明白了欧阳修的意思，不禁莞尔（wǎn ěr），以后写文章就避免玩弄字眼，注重实用起来了。

欧阳修晚年还经常拿出自己年轻时写的文章来修改，“用思甚苦”。夫人心疼地规劝：“这么大岁数了，还费这个心。难道还是小孩子，怕先生骂你吗？”欧阳修笑着说：“不怕先生骂，却怕后生笑。”他到了晚年还保持着严谨而认真的文学创作态度，不愧是一代文学巨匠。

生词学习

醍醐灌顶（tí hú guàn dǐng）：比喻灌输智慧，使人得到启发，彻底醒悟；也比喻听了高明的意见使人受到很大启发。也形容清凉舒适。

祁（qí）：多用于地名、山水；也作姓。

寐（mèi）：睡。

祯（zhēn）：吉祥。

札（zhá）：古代写字用的小而薄的木片。信件。札子，旧时的一种公文。

闼（tà）：门；小门。

莞尔（wǎn ěr）：形容微笑。

百炼成金

知识考点

欧阳修字永叔，号醉翁，晚号六一居士。有《欧阳文忠集》传世。北宋古文运动的代表。

他领导的古文运动结束了骈文从南北朝以来长达六百年的统治地位。

默写练习

tí hú guàn dǐng

犹如（　　　　　　　　）般

wǎn ěr

不禁（　　　　）

一人一首代表作

生查子·元夕

去年元夜时，花市灯如昼。
月上柳梢头，人约黄昏后。
今年元夜时，月与灯依旧。
不见去年人，泪湿春衫袖。

去年元宵节的时候，花市被灯光照得如同白昼。与佳人相约在黄昏之后、月上柳梢头之时同叙衷肠。今年正月十五元宵节，月光与灯光仍同去年一样。再也看不到去年的故人，相思之泪沾湿了春衫的衣袖。

苏轼 北宋豪放派文学代表

苏轼

1037 — 1101

字子瞻，号铁冠道人、东坡居士，世称苏东坡、苏仙、坡仙

作品有《东坡七集》《东坡易传》《东坡乐府》等

北宋豪放派文学代表

> 有人评价“苏轼是全才式的艺术巨匠”，他的诗清新豪健，与黄庭坚并称“苏黄”；他的词豪放大气，与辛弃疾一起被认为是豪放派代表，合称为“苏辛”；他的散文纵横恣肆，与欧阳修并称“欧苏”。苏轼被认为是北宋中期的文坛领袖，他是如何做到的呢？

《三字经》里有一句话：“苏老泉，二十七。始发愤，读书籍。”这个苏老泉就是宋代文学家苏洵（xún）。他小时候不喜欢念书，到了 27 岁，突然下决心努力学习，最终取得了不错的文学成就。更重要的是，在他的影响下，儿子苏轼小小年纪就博览群书，表现出超人的才智。

苏轼常常受人夸奖，好话听多了，难免心高气傲。一天，他心里高兴，就在家门前写了一副对联：

识遍天下字

读尽人间书

过了几天，一位白头发的老人拿了一本书来请苏轼帮忙读读，苏轼接过来一看，傻眼了，第一页第一列就有两个字不认识，越往下看，生字越多。苏轼脸上红一阵、白一阵，一脑门的汗。老人感叹一句：“原来苏才子也有不认识的字呀？”这句话让苏轼如遭雷击，他给门口的对联填了几个字，变成了：

发愤识遍天下字

立志读尽人间书

自此之后，苏轼发奋读书，再不敢骄傲了。

1056年，20岁的苏轼跟着父亲、弟弟一起到京城参加科举考试。他凭借着自身才华，顺利通过考试，并得到了皇帝的赏识，当上了大官。当时朝廷任用王安石主持变法，全面打击反对变法的人。苏轼因为反对变法，在朝廷待不下去，被外放到地方去当官。远离了朝廷，苏轼治国的雄才大略无处发挥，不过，他在文学上的创作却有了很大的发挥空间。

有一天，苏轼和下属打猎的时候，突然感慨自己人生即将过半，满腔热血却壮志难酬，于是大声吟诵出了一首词："老夫聊发少年狂，左牵黄，

右擎（qíng）苍，锦帽貂裘（diāo qiú），千骑卷平岗！”这就是苏轼的《江城子·密州出猎》，历史上第一首豪放词，苏轼改变了宋词一直以来的悲悲切切、儿女情长，在豪放词写作的道路上一路狂奔。

1079 年，在湖州做知州的苏轼写了一篇文章，被变法派的人罗织了一个“毁谤君相”的罪名，北宋著名的“乌台诗案”爆发，很多大臣名士牵涉其中，苏轼差点被处死，因为有很多人求情，皇帝免了他的死刑，把他贬到了黄州。

在黄州，苏轼的日子非常穷困，一家老小二十多口人，挤在一处废弃的驿站。当时的黄州太守很同情苏轼的遭遇，就把黄州城东缓坡上的一块废地划给了苏轼。这块地瓦砾遍地，杂草丛生。苏轼没有抱怨，而是带领全家老小清除瓦砾和荆棘，整理出五十亩田地来。从来没有下地劳作过的苏轼转身一变做起了农民，还给自己起了个别号叫“东坡居士”。

生活虽然困顿，苏轼却很开朗豁达。一方面，他研究出了很多美食，“东坡肉”“东坡鱼”“东坡肘子”等；另一方面，他诗兴大发，写了很多知名的诗。

1100 年，朝廷颁行大赦，四处流放的苏轼遇赦北归。第二年七月，在回京的路上，苏轼因病去世，享年 65 岁。

生词学习

洵（xún）：文言副词。实在；确实。

擎（qíng）：往上托；举。

貂裘（diāo qiú）：用貂的毛皮制作的衣服。

百炼成金

知识考点

苏轼字子瞻，号铁冠道人、东坡居士，世称苏东坡、苏仙、坡仙。作品有《东坡七集》《东坡易传》《东坡乐府》等，北宋豪放派文学代表。他的诗清新豪健，与黄庭坚并称“苏黄”；他的词豪放大气，与辛弃疾一起被认为是豪放派代表，两人合称为“苏辛”；他的散文纵横恣肆，与欧阳修并称“欧苏”。

默写练习

苏轼小小年纪就（bó lǎn qún shū），难免（xīn gāo qì ào）

（jǐn mào diāo qiú），千骑卷平岗

这块地（wǎ lì）遍地，杂草丛生

一人一首代表作

饮湖上初晴后雨（其二）

水光潋滟晴方好，山色空蒙雨亦奇。
欲把西湖比西子，淡妆浓抹总相宜。

天晴气朗时的西湖，水光盈盈波光楚楚；细雨迷蒙中的西湖，山色空灵似有似无。如果把美丽的西湖比作绝代佳人西施，那么无论浓妆还是淡抹，都令人倾倒折服。

陆游 南宋诗坛领袖

陆游

1125 — 1210

字务观，号放翁

主要作品有《剑南诗稿》《渭南文集》《老学庵笔记》

爱国诗人，有“小李白”之称

> 南宋爱国主义文学，有两个代表性的人物，一个是辛弃疾，他的词比较出众；另一个就是陆游，他在诗上有很大的成就。有人做过统计，陆游是文学史上存诗最多的诗人，他留存下来的诗多达 9300 多首。在明末和清末，民族存亡的关键时刻，陆游的诗激励了很多人。陆游是在怎样的情形下创作出了这么多诗词的呢？

1125 年 10 月，陆游出生，同年，金兵南下，并于 1127 年攻破东京，掳（lǔ）走徽、钦二帝，北宋宣告灭亡。在时代浪潮中，陆游一家颠沛（diān pèi）流离，直到陆游四岁时，才在浙江安顿下来。

陆游的父亲陆宰是一个具有爱国思想和民族气节的官员，同他交往的也都是忧国忧民的志士仁人，这些人经常在陆家谈论国家兴衰、民族灭亡的大事。当他们谈到悲愤之处，有的拍案大骂，有的怆然涕下。少年陆游看到这景象，深深地被父辈们的爱国激情所感动，耳濡（rú）目染（rǎn）下，他很小就立下了“上马击狂胡，下马草军书”的报国壮志。有了明确的报国志向后，陆游学习起来格外有动力。

1153 年，学有所成的陆游参加了当年的进士考试，主考官陈子茂看完大家的试卷后，把陆游定为第一名。这时，权臣秦桧不乐意了，他的孙子秦埙（xūn）也一同参加了考试，秦桧内定孙子为第一名，没想到却被陆

游压下去了。秦桧非常生气，他威逼陈子茂，陈子茂却坚持秉（bǐng）公处理，秦桧转而开始怪罪陆游出风头。

第二年，陆游参加礼部考试，秦桧提前指示主考官不能录取陆游。在秦桧的淫威之下，陆游一直仕途不畅。直到秦桧病逝，陆游才慢慢进入朝中。

当时，南宋统治集团昏庸无能，推行屈辱求和的政策，向金朝摇尾乞（qǐ）怜。陆游多次献策出师北伐、收复中原，建议很好，却遭到了求和派的疯狂打击。为反击求和派，也是为了表达自己的观点，陆游创作了许多诗篇。

陆游抱负难酬，创作却达到了高峰，他的作品涵盖的内容非常丰富，有抒发政治抱负的，有讽刺主和派的，有畅想统一之后的生活的，有反映现下人民生活疾苦的，还有抒写日常生活的。

1210年，85岁的陆游怀着“死前恨不见中原”的遗恨，和忧国忧民的悲愤，与世长辞了。临死之前，他嘱咐儿孙们：

死去元知万事空，但悲不见九州同，
王师北定中原日，家祭无忘告乃翁。

这就是陆游的经典之作《示儿》，也是他的遗嘱。在临死前，他还惦记着恢复中原的事情。他借这首诗告诉子孙们：当朝廷军队收复中原失地的那一天到来之时，你们举行家祭，千万别忘把这好消息告诉我！

生词学习

掳（lǔ）：把人抢走。

耳濡（rú）目染（rǎn）：经常听到看到，不知不觉地受到影响。

颠（diān）沛（pèi）：困苦，受挫折；颠簸摇荡。

秉（bǐng）公：依照公认的道理或公平的标准。

埙（xūn）：吹奏乐器。多用陶土烧制而成，也有木、骨或石制的，多为上小下大的鸡蛋形，有一至十几个音孔。

摇尾乞（qǐ）怜：狗摇尾巴向主人乞求爱怜。比喻装出一副媚态，求取别人的欢心。

百炼成金

知识考点

陆游字务观，号放翁。主要作品有《剑南诗稿》《渭南文集》《老学庵笔记》。他是爱国诗人，有“小李白”之称。陆游是文学史上存诗最多的诗人，留存下来的诗 9300 多首。

默写练习

diān pèi

一家（　　　　）流离

ěr rú mù rǎn

在（　　　　　　　　）下

yáo wěi qǐ lián

向金朝（　　　　　　　　）

一人一首代表作

十一月四日风雨大作（其二）

僵卧孤村不自哀，尚思为国戍轮台。

夜阑卧听风吹雨，铁马冰河入梦来。

我直挺挺躺在孤寂荒凉的乡村里，没有为自己的处境而感到悲哀，心中还想着替国家防卫边疆。夜将尽了，我躺在床上听到那风雨的声音，迷迷糊糊地梦见，自己骑着披了铁甲的战马，跨过冰封的河流，出征北方疆场。

辛弃疾 南宋豪放派词人代表

辛弃疾
1140 — 1207
原字坦夫，后改字幼安，中年后别号稼轩居士
有词集《稼轩长短句》传世
南宋豪放派词人的代表，有“词中之龙”之称

“文能提笔安天下，武能横刀捉叛将。”中国历史上，以武将出身，最终却以诗词名闻天下的，只有一个人，这就是辛弃疾。他有怎样的人生故事呢？

1127年，金军攻破北宋都城东京，北宋灭亡，北方大片土地陷入金人手中。在山东历城，才子辛赞一家没来得及逃出去，地方就被金军控制了。辛赞在金人的逼迫下做了官，可他一刻也没忘记自己是宋人。1140年，孙子出生了，辛赞希望孙子能跟汉朝大将军霍去病驱逐匈奴一样，驱逐金人光复大宋，他就将“去病”的意思换了两个字——“弃疾”，给孙子取名。

为了让孙子能成为“霍去病”，辛赞花了很大力气栽培他。他让辛弃疾拜了当时山东第一名师刘瞻（zhān）做老师，跟着他学知识；让辛弃疾拜当地知名的武将为师，跟着他们练习武艺；还搜罗了很多兵书，让辛弃疾学习。在爷爷的教导下，辛弃疾成了一个“文武兵皆善”的全才，并且小小年纪就立下了“用剑杀尽天下金贼”的志向。

1162年，金主完颜亮率兵南侵，这个时候辛赞病逝了，22岁的辛弃疾了无牵挂，毅然加入了山东抗金起义军的队伍。

第二年，辛弃疾作为义军代表渡江南下与南宋政府联系，南宋政府很认可他们这支义军，同意把他们纳入正规军。辛弃疾兴冲冲地往回走，结

果半路上得到了一个坏消息：起义军里出了一个叫张安国的叛徒，杀害了起义军的领袖耿京，带着一支队伍投降了金军。辛弃疾气得眼都红了，他带着五十个勇士而去，誓杀张安国。当时，张安国带着五万人在山东某地扎营驻守。虽然对方人多，辛弃疾毫无惧色，他出其不意，冲进敌营，把张安国绑了，还说服了在场的一万多起义军跟着他从金军统治区一路冲了出来，到了南宋首都临安。他的勇敢和果断震惊了世人。

到南宋后，辛弃疾写了很多抗金北伐的方案，可是当时的南宋朝廷非常怯懦、畏缩，他写出来的东西，根本就没有推行的机会。

四十多岁的时候，辛弃疾组建了一支飞虎军。他每天训练军队，准备有一天能上阵杀敌。可还没等到那一天，南宋的皇帝受不了了，他觉得这支队伍对他是一个威胁，就把辛弃疾的官给罢了。就这样，辛弃疾又当回了老百姓。虽然没有官职了，可辛弃疾那颗炽（chì）热的爱国心没有一刻冷却过，他满腔的家国情怀憋得受不了了，就以诗词来发泄。在这种状态下，

他写了很多诗词。辛弃疾继承了苏轼豪放的词风，他词里表现的常是阔大的场景、战斗的雄姿，笔下的事物也常被赋予坚强的性格，如“倚天万里”的长剑，“千丈晴虹”的长桥。他丰富了词的表现手法与语言技巧，从而确立了豪放派的风格。

辛弃疾一生壮志未酬（chóu），在 68 岁时含愤辞世。临死前，他还大声叫着：“杀贼！杀贼！”

生词学习

瞻（zhān）　往前或往上看。姓。

炽（chì）热　形容火旺。旺盛；热烈。

壮志未酬（chóu）　酬：实现。旧指潦倒的一生，志向没有实现就衰老了。也指抱负没有实现。

百炼成金

知识考点

辛弃疾原字坦夫，后改字幼安，中年后别号稼轩居士。有词集《稼轩长短句》传世。他是南宋豪放派词人的代表，有“词中之龙”之称。

默写练习

háo wú jù sè
辛弃疾（　　　　　　　　）

chì rè
辛弃疾那颗（　　　　　）的爱国心

zhuàng zhì wèi chóu
辛弃疾一生（　　　　　　　　）

一人一首代表作

破阵子·为陈同甫[1]赋壮词以寄

醉里挑灯看剑，梦回吹角连营。八百里[2]分麾下炙，五十弦翻塞外声。沙场秋点兵。

马作的卢[3]飞快，弓如霹雳弦惊。了却君王天下事，赢得生前身后名。可怜白发生！

①陈同甫：指诗人的朋友陈亮。②八百里：牛。③的卢：马名。

醉梦里挑亮油灯观看宝剑，恍惚间又回到了当年，各个军营里接连不断地响起号角声。把酒食分给部下享用，让乐器奏起雄壮的军乐鼓舞士气。这是秋天在战场上阅兵。战马像的卢马一样跑得飞快，弓箭像惊雷一样震耳离弦。我一心想替君主完成收复国家失地的大业，取得世代相传的美名。一梦醒来，可惜已是白发人！

元好问 金元文学的桥梁

元好问

1190 — 1257

字裕之，号遗山，世称遗山先生

有《元遗山先生全集》《中州集》等作品传世

被尊为“北方文雄”“一代文宗”

元好问是宋金对峙时期北方文学的主要代表、文坛盟（méng）主，又是金元之际在文学上承前启后的桥梁，在这一特殊的历史时期，他的文学道路是怎么铺展开来的呢？

1190 年，元好问出生时，宋、金、西夏三足鼎立，正处在历史的重要关口。虽然家国动荡，但因为父辈都有不小的官职，幼年的元好问生活还算安稳，并受到了良好的教育。再加上他天资聪慧，七岁时就能写诗，十四五岁时，就在当地小有名气了。

16 岁那年，元好问独自赴太原参加科考，途中遇到一个捕雁的人，两人聊起来，捕雁人跟他提起了一件奇事：他今天猎杀了一只大雁，同行的另一只大雁逃脱了，但是它看见伴侣身亡之后，悲鸣不止，就投地而死了。元好问被大雁之间的感情深深震撼了，他从猎人手里买回了那两只雁，把它们安葬后，还写了一首词来祭奠，这就是他的传世之作《摸鱼儿·雁丘词》，开头第一句“问世间情是何物，直教生死相许”堪称千古第一问。

元好问的诗得到了广泛的赞誉，可他的科考之路并不轻松，他连续五次科考，都铩（shā）羽而归。第六次，终于考中了，却被安排了一个品级低、待遇差、可有可无的小官。元好问干了一年，干脆辞职，在家钻研起杜甫的诗来，还撰写了一部《杜诗学》。

后来，经朋友举荐，元好问先后去了镇平、内乡、南阳当县令，虽然官职不高，但元好问尽心尽职，深得人民的敬爱。因为业绩可圈可点，元好问在南阳当县令不久，就被调到金中央政府任尚书省令史。看上去要否极泰来（pǐ jí tài lái），实际上真正的倒霉事儿来了。

1233 年，蒙古军围城，汴京失守，金哀宗逃出京城，元好问、王若虚等大批金国官员成了蒙古人的俘虏。国破家亡，山河破碎，在这一连串的刺激下，元好问的诗词创作达到了新的境界，写出了一系列雄浑悲壮的丧乱诗。比如，《岐阳》三首、《壬辰十二月车驾东狩（shòu）后即事》五首、《俳（pái）体雪香亭杂咏》十五首、《癸巳五月三日北渡》三首、《续小娘歌》十首等。这些诗篇广泛而深刻地反映了国破家亡的现实，具有诗史的意义，掀起了杜甫之后的现实主义诗风的又一高潮，也奠定了元好问在文学史上的地位。

后来，由于蒙古丞相耶律楚材的保护和举荐，元好问才得以恢复自由。元世祖忽必烈很看重元好问的才华，许给他高官厚禄、荣华富贵，邀请他来做官，元好问想都不想就拒绝了。他退隐山林，不问世事，一心编撰起《金史》来。他认为“国可亡，而史不可灭”，记录金朝历史，成了他晚年唯一的精神支柱。

1257 年，元好问逝世，享年 68 岁。临终时，他嘱咐后人在墓碑上只题了七个字：诗人元好问之墓。对他来说，诗词是他心头最爱，有个诗人头衔足矣。

生词学习

盟（méng）主：古代诸侯会盟的领袖或主持者，泛指同盟领袖或倡导者。比喻主要事物的主宰者。

铩（shā）羽而归：铩羽：羽毛摧落，比喻失败或不得志。指失败或不得志而归。

否（pǐ）极（jí）泰（tài）来（lái）：逆境达到极点，就会向顺境转化。指坏运到了头好运就来了。

狩（shòu）：打猎。古代特指冬天打猎。

俳（pái）体：骈体文。即俳谐体。

百炼成金

知识考点

元好问字裕之，号遗山，世称遗山先生。有《元遗山先生全集》《中州集》等作品传世。他被尊为“北方文雄”“一代文宗”。元好问是宋金对峙时期北方文学的主要代表、文坛盟主，又是金元之际在文学上承前启后的桥梁。

默写练习

shā yǔ ér guī

都（　　　　　　　　）

pǐ jí tài lái

看上去要（　　　　　　　　）

一人一首代表作

岐阳（其二）

百二关河草不横，十年戎马暗秦京。
岐阳西望无来信，陇水东流闻哭声；
野蔓有情萦战骨，残阳何意照空城！
从谁细向苍苍问，争遣蚩尤作五兵？

号称“百二关河”的三秦如今已不见杂草纵横；十年的战火燃烧在这里，烽烟遮暗了旧时的秦京。向西望着岐阳，全没有半点同胞的音信；在东流的陇水旁，只听到一片惨痛的哭声！荒野里，缠绵的蔓草情深意厚，在悄悄萦绕着战士的尸骨；蓝天下，惨淡的残阳究竟为何照射着死寂的空城！我能够从什么地方向苍天细细地责问——为何让凶残的蚩尤制造这杀人的刀兵？

杨慎 明代文学第一人

杨慎

1488 — 1559

字用修，号升庵

作品被辑为《升庵集》

与解缙、徐渭并称“明代三才子”且居首

论知识之博、著述之多，杨慎是当之无愧的明代第一人。这位明代第一人，一生是如何刻苦学习，勤于著述的呢？

“滚滚长江东逝水，浪花淘尽英雄。是非成败转头空。青山依旧在，几度夕阳红。”这是小说《三国演义》的开篇词，也是电视剧版的主题曲，可它的创作者并不是罗贯中，而是明代的大才子杨慎。

杨慎，出身于书香门第，父亲是吏部尚书、武英殿大学士杨廷和。他天生聪明伶俐，并从小就受到了很好的家庭教育，有“神童”的美誉。

7 岁，杨慎能背大量唐代绝句。12 岁，已经能写诗了，那一年他写出了“青楼断红粉之魂，白日照翠苔之骨”的惊人句子。叔叔觉得不可思议，就给他出了一个命题作文，让他仿写贾谊的名篇《过秦论》，杨慎还真的就仿写出来了，这下连爷爷都忍不住感叹：“我家出了个贾谊！”

13 岁的时候，杨慎跟着父亲到了京师，一路上佳作不断，这让他声名远扬。当时的文坛领袖李东阳对他赞赏不已，亲切地称呼他为“小友”。

1511 年，24 岁的杨慎参加科举考试，高中状元，随即被授予翰林院修撰的职务。在这里，杨慎可说是如鱼得水，他有机会进入皇家秘阁，读到许多珍本秘籍。杨慎如饥似渴地从中汲（jí）取知识，再加上他本就博闻强记，这些知识都转化成了他人生的滋养。

一次，一个湖广地区的少数民族土司入京进贡，自称代表“水尽源通塔平长官司”。翰林院的学者们都以为“水尽源通塔平”是三个地名连写，杨慎在旁边指出：“这不是三个地名，而是一个地名。”在场的翰林们都不服气：“从来没见过这样的地名，你怎能信口胡来呢？”杨慎说：“这本书里清楚地载明了。”他拿起一本《大明官制》，准确找到了记载这个地名的句子，指给大家看。众人对他的博学多知都赞不绝口。

1521 年，明朝皇帝朱厚照驾崩，他的堂弟、15 岁的朱厚熜（cōng），以藩王身份继位。明朝历史上著名的“大礼议”事件由此揭开序幕。

按照传统宗法制度，以杨慎的父亲杨廷和为首的朝廷大臣们认为：朱厚熜是以朱厚照堂弟的身份继承皇位，所以需要过继到朱厚照家，认朱厚照的父亲为 “皇考”（父亲），称自己的生父为“皇叔考”（叔叔），这样才是名正言顺。伯父变成父亲，父亲变成叔叔，朱厚熜表示接受不了。于是皇帝和大臣间打起了口头官司，这一官司持续了三年。

1524年，杨慎带领百官“哭谏”，他大声疾呼：“国家养士一百五十年，仗节死义，正在今日。”在他的号召下，有两百多位朝廷大臣参与“哭谏”，请求皇帝朱厚熜改变旨意。朱厚熜大怒，将一百多人逮捕入狱，八十多人停职待罪。至于杨慎，被流放云南，充军，永不录用。这一年，杨慎37岁。

经过数千里长途跋涉，杨慎来到了云南戍（shù）所，随后三十多年时间里，除了告假省亲回了家乡六七次外，他大部分时间都生活在这里，直至去世。

远离亲人和朋友，远离庙堂和文坛，杨慎心中的痛苦和悲哀难以衡量，这反而成了他创作的原动力。三十年间，他始终读书、著述不辍（chuò），创作了大量诗词；更难得的是，每到一处，他就学习当地的语言，调查当地的民俗风情，搜集整理当地的文化遗产，写下大量关于当地民族历史和地理民俗的著作，填补了历代著述在这一方面的空白。除此之外，他还积极开坛讲学，促进当地的文化教育事业。

据说，在云南的寺庙里，供奉最多的神像有三位：观音菩萨、诸葛亮和杨慎。杨慎以他卓越的才华和广博的学识征服了云南各族人民，被云南人民世世代代地祭祀、膜拜。

生词学习

汲（jí）取：吸收；摄取。

熜（cōng）：古同“囱”，烟囱。又读zǒng：用麻茎捆扎成的火炬。

戍（shù）所：官员谪戍所住的地方。

辍（chuò）：中间停顿；停止。

百炼成金

知识考点

杨慎字用修，号升庵，作品被辑为《升庵集》。明代三才子之首，另外两人是解缙和徐渭。

默写练习

杨慎（rú jī sì kě）地从中（jí qǔ）知识

千里（cháng tú bá shè）

一人一首代表作

临江仙·滚滚长江东逝水

滚滚长江东逝水，浪花淘尽英雄。是非成败转头空。青山依旧在，几度夕阳红。

白发渔樵[①]江渚[②]上，惯看秋月春风。一壶浊酒喜相逢。古今多少事，都付笑谈中。

①樵（qiáo）：打柴。②江渚（zhǔ）：江上小洲，江边。

滚滚长江向东流，英雄消逝在浪里头。

是与非、成与败，转眼都成空。

只有青山常在，太阳升了又落。

打鱼砍柴的老头，看过了多少沧桑。

朋友见面，一壶浊酒，无限欢喜。

古往今来，纷纷扰扰，都成为酒间闲谈的材料。

纳兰性德 清词三大家之一

纳兰性德

1655 — 1685

字容若，号楞伽（léng qié）山人

著有《通志堂集》《侧帽集》《饮水词》等

与朱彝（yí）尊、陈维崧（sōng）并称“清词三大家”

> 纳兰性德的词以“真”取胜，写景逼真传神，词风“格高韵远，独具特色”，在中国文学史上，“纳兰词”光彩夺目，一直备受关注，这些作品是在怎样的情境下被创作出来的呢？

纳兰性德，原名纳兰成德，出身非常显赫，父亲纳兰明珠是康熙时期的重臣，母亲姓爱新觉罗，是皇族。生在这样的家庭，人人艳羡，可纳兰性德的心情却很抑郁。在《浣溪沙》中，他写道：“我是人间惆怅（chóu chàng）客，知君何事泪纵横，断肠声里忆平生。”在《采桑子·塞上咏雪花》中则写道：“非关癖（pǐ）爱轻模样，冷处偏佳。别有根芽，不是人间富贵花。”

过着富贵奢华的生活，为什么还要自诩（xǔ）“我是人间惆怅客”“不是人间富贵花”呢？

据说，纳兰性德周岁的时候，父母为他举办了一场隆重的抓周仪式，在父亲准备的众多贵重东西中，纳兰性德抓住不放的却是毛笔。作为纳兰家长子，纳兰性德从小被寄予厚望，担负着光大家族的重任，他的人生早早就被父母安排好了。但是纳兰性德本性善良，喜欢和平，比起做身不由己的贵公子，他更喜欢做一个平凡的文人。因此，他虽然顺从父母，认真学武，好好学习，时刻为参加科举考试做准备，但内心并不快乐。

1672年，18岁的纳兰性德去参加科举考试，轻松地考中了举人；22岁时，纳兰性德又参加进士考试，是二甲第七名，赐进士出身。这一时期的纳兰性德发愤苦读，在名师指导下，他用两年时间主持编纂了一部儒学汇编——《通志堂经解》，深受皇帝赏识。康熙帝让他做御前侍卫。

御前侍卫是皇帝身边的人，很多人都非常羡慕，可纳兰性德却高兴不起来。一直以来，他的理想是为国家出谋划策，如今却成了皇帝的玩伴，每天陪着皇帝下棋、吟诗、赏花、喝酒。纳兰性德痛恨每天的工作，却无力改变局面，只能日复一日、年复一年地过这样无味的日子。

纳兰性德的家世、长相、才情都是出类拔萃的，自然很受女孩子的欢迎，可他的爱情却非常不顺。他与表妹青梅竹马，互相喜欢，可表妹的家世对纳兰家没有帮助，父母硬生生拆散了两人。后来，在父母的逼迫下，

他娶了两广总督的女儿卢氏为妻。慢慢相处的过程中，他终于接受了妻子，妻子却因为难产去世了。

工作、爱情都不顺利，纳兰性德只好到诗词中寻取安慰。24 岁时，纳兰性德将自己的词作编选成集，命名为《侧帽集》，后来，又写了《饮水词》。后人将两部词集增遗补缺，共 349 首，合为《纳兰词》。《纳兰词》在当时就享有盛誉，受到文人学士的高度评价。有一种说法："家家争唱《饮水词》，纳兰心事几人知？"可见他的词影响力之大。

在种种巨大的精神压力下，纳兰性德的身体变得非常差。1685 年，纳兰性德抱病召集好友举办了一场文酒诗会，大醉了一场，之后一病不起，七天后，溘（kè）然而逝，时年 30 岁。

生词学习

楞伽（léng qié）：山名，梵文音译，在古师子国（今斯里兰卡）境。相传佛在此山说经。也指《楞伽经》。

彝（yí）：古代盛酒的器具。也泛指古代宗庙祭器。法度；常规。彝族。

溘然（kè）：忽然；突然。

癖（pǐ）：指因长期的习惯而形成的对某种事物的偏好、嗜好。

自诩（xǔ）：自夸。

惆怅（chóu chàng）：因失意或失望而伤感、懊恼，用来表达人们心理的情绪。

崧（sōng）："嵩"的异体字。

百炼成金

知识考点

纳兰性德字容若，号楞伽山人。著有《通志堂集》《侧帽集》《饮水词》等。他是清词三大家之一，另两位是朱彝尊、陈维崧。纳兰性德的词以“真”取胜，写景逼真传神，词风“格高韵远，独具特色”。

默写练习

chóu chàng

我是人间（　　　　　　）客

kè rán ér shì

七天后（　　　　　　　）

一人一首代表作

长相思 · 山一程

山一程，水一程，身向榆关那畔行，夜深千帐灯。

风一更，雪一更，聒[1]碎乡心梦不成，故园无此声。

①聒（guō）：声音嘈杂，这里指风雪声。

跋山涉水走过一程又一程，将士们马不停蹄地向着山海关进发，夜已经深了，千万个帐篷里都点起了灯。外面风声不断，雪花不住，扰得思乡的将士们无法入睡，在我温暖宁静的故乡，没有这般寒风呼啸、雪花乱舞的聒噪之声。

龚自珍 三百年来第一流

龚自珍

1792 — 1841

字璱（sè）人，号定盦（音ān，一作定庵）

著有《定盦文集》《己亥杂诗》

中国改良主义的先驱者

> 龚自珍的诗文主张“更法”“改图”，揭露清统治者的腐朽，洋溢着爱国热情，被近现代诗人柳亚子誉为“三百年来第一流”，他有什么独特的人格魅力呢？

1792 年，龚自珍出生于浙江杭州一个世代官宦的家庭。他的母亲很喜欢明末清初的诗人吴伟业的诗句，如“恸哭六军俱缟素，冲冠一怒为红颜”等，就每天吟诵给襁褓（qiǎng bǎo）中的小自珍听，这些诗句里的激越高昂和悲怆苍凉，在他的幼小心灵里激起了强烈的反响。

自小，龚自珍就勤学好问，他从 8 岁起学习研究经史、《大学》，12 岁时，就跟随外祖父学习东汉许慎著的《说文解字》，后来又熟读了《春秋公羊传》等书。龚自珍最喜欢读北宋政治家、文学家王安石的文章。有一次兴起，他将王安石的《上仁宗皇帝言事书》恭恭敬敬地抄写了九遍，并发誓长大后要效法王安石，改革社会弊端。

1829 年，龚自珍经过六次会试，终于考中贡士。他在殿试对策中仿效王安石《上仁宗皇帝言事书》，撰写了《御试安边抚远疏》，议论平定准噶尔叛乱后的善后治理，从施政、用人、治水、治边等方面提出改革主张。

这篇文章在阅卷的大臣里引起了轰动，他们分成了两派。一派说：“这篇文章太有价值了，这个考生可堪重用。”另一派说：“这里面的方针政策太异想天开了，这个考生太不切实际了。”主持殿试的大学士曹振镛（yōng）是个有名的“多磕头、少说话”的三朝不倒翁，争论之后，他以字体不好看为理由，把龚自珍从优等中撤了下来，列为三甲第十九名，这让龚自珍与进入翰林院的梦想失之交臂。

自道光中叶起，清朝科举就有了一种风气，挑选人才只看字写得好不好看，而不看是否有真才实学。龚自珍因为字迹问题，在多次考试中吃亏。如果是别人，可能会踏实练字来适应这股风潮，可龚自珍偏偏不，他对这种风气愤愤不平，并向这种风气开炮，想方设法抨击这种制度的不合理性。

科考喜欢的字体叫“馆阁体”，龚自珍让家里的女人，包括女儿、妻子、小妾、婢女等全都学习这种字体。后来，再有人谈到翰林时，龚自珍都会面露不屑地说：“今日之翰林，犹足道邪？吾家妇人，无一不可入翰林。”我家妇人随便一个都能进翰林！龚自珍通过这种方式抗议朝廷科考的不良风气。

龚自珍做了二十多年的没有什么实权的小官，他的改革政见一直没有施展的机会。1839 年，处处受排挤的龚自珍对官场彻底绝望，刚刚 48 岁，就借口侍奉年迈的父母，离官回乡了。

在回乡的旅途中，龚自珍刚好遇到镇江的老百姓举行迎神赛会，龚自珍看着人民脸上的笑脸，联想到朝廷的腐败，不禁忧虑：这样的和平生活能持续多久呢？他思绪万千，即兴写下了一首绝句："九州生气恃（shì）风雷，万马齐喑（yīn）究可哀；我劝天公重抖擞（dǒu sǒu），不拘一格降人才。"意思是，中国要有生气，就要凭借疾风迅雷般的社会变革，我奉劝天公重新振作起来，不要拘泥于常规，把有用的人才降到人间来吧。

后来，龚自珍还写下了许多激扬、深情的忧国忧民的诗文，这便是著名的315首《己亥杂诗》。可惜的是，龚自珍等不到"天公重抖擞"的那一天了。1841年，50岁的龚自珍突患急病去世了。

生词学习

瑟（sè）　玉石鲜明洁净的样子。

恃（shì）　依赖；凭仗。

抖擞（dǒu sǒu）　振作；奋发。

襁褓（qiǎng bǎo）　包裹婴儿的被子和带子。

盦（ān）　同"庵"，多用于人名。古代一种盛食物的器具。

镛（yōng）　古乐器，奏乐时表示节拍的大钟。

喑（yīn）　嗓子哑，不能出声；失音。缄默，不做声。

百炼成金

知识考点

龚自珍字璱人，号定盦（一作定庵）。著有《定盦文集》《己亥杂诗》。他是中国改良主义的先驱者。诗文主张"更法""改图"，揭露清统治者的腐朽，洋溢着爱国热情，被近现代诗人柳亚子誉为"三百年来第一流"。

默写练习

qiǎng bǎo

给（　　　　）中的小自珍

wàn mǎ qí yīn

（　　　　　　　）究可哀

dǒu sǒu

我劝天公重（　　　　）

一人一首代表作

《己亥杂诗》其五

浩荡离愁白日斜，吟鞭东指即天涯。
落红不是无情物，化作春泥更护花。

离别京都的愁思浩如水波，向着日落西斜的远处延伸，马鞭向东一挥，感觉就像人在天涯一般。从枝头上掉下来的落花不是无情之物，即使化作春泥，也甘愿培育美丽的春花成长。

本册人物

人物	时间	成就
屈原	战国	代表作品有《离骚》《九歌》《九章》《天问》等；“楚辞”的创立者和代表作家
曹植	汉末三国	曹操之子，代表作品有《七步诗》《白马篇》《洛神赋》《七哀诗》等，与曹操、曹丕合称“三曹”
陶渊明	东晋	著有《陶渊明集》；田园诗派创始人
李白	唐代	伟大的浪漫主义诗人，被后人誉为“诗仙”，作品收于《李太白集》
杜甫	唐代	伟大的现实主义诗人，被后人称为“诗圣”，他的诗被称为“诗史”；作品收集在《杜工部集》中
韩愈	唐代	世称“韩昌黎”“昌黎先生”；有《韩昌黎集》传世；唐代古文运动的倡导者，被后人尊为“唐宋八大家”之首
白居易	唐代	与元稹等人倡导新乐府运动
杜牧	唐代	著有《樊川文集》；晚唐杰出诗人。与李商隐齐名，合称“小李杜”
李煜	晚唐五代	南唐中主李璟第六子，南唐末代君主，千古词帝
柳永	北宋	北宋婉约派文学的代表人物；著有《乐章集》
欧阳修	北宋	北宋古文运动的代表；有《欧阳文忠集》传世
苏轼	北宋	作品有《东坡七集》《东坡易传》《东坡乐府》等；北宋豪放派文学代表
陆游	南宋	主要作品有《剑南诗稿》《渭南文集》《老学庵笔记》；爱国诗人，有“小李白”之称
辛弃疾	南宋	有词集《稼轩长短句》传世；南宋豪放派词人的代表，有“词中之龙”之称
元好问	金末元初	世称遗山先生；有《元遗山先生全集》《中州集》等作品传世；被尊为“北方文雄”“一代文宗”
杨慎	明代	作品被辑为《升庵集》；与解缙、徐渭并称“明代三才子”且居首
纳兰性德	清代	著有《通志堂集》《侧帽集》《饮水词》等；与朱彝尊、陈维崧并称“清词三大家”
龚自珍	清代	著有《定盦文集》《己亥杂诗》；中国改良主义的先驱者

图书在版编目（CIP）数据

陪孩子玩转中国史．3，传世文学家 / 文海 编著．—北京：东方出版社，2022.9

ISBN 978-7-5207-2955-0

Ⅰ．①陪…　Ⅱ．①文…　Ⅲ．①中国历史－少儿读物 ②文学家－生平事迹－中国－古代－少儿读物　Ⅳ．① K209

中国版本图书馆 CIP 数据核字（2022）第 153853 号

陪孩子玩转中国史．3，传世文学家
(PEI HAIZI WANZHUAN ZHONGGUOSHI．3，CHUANSHI WENXUEJIA)

编　　著：文　海
责任编辑：辛春来
策　　划：闫　冬
封面设计：胡振宇
美术设计：壹点插画工作室
插画绘制：王梦婕　贾迎欣　刘　冲
艺术指导：李朋威　李春华
出　　版：东方出版社
发　　行：人民东方出版传媒有限公司
地　　址：北京市东城区朝阳门内大街 166 号
邮　　编：100010
印　　刷：三河市嘉科万达彩色印刷有限公司
版　　次：2022 年 9 月第 1 版
印　　次：2022 年 9 月第 1 次印刷
印　　张：20（全四册）
开　　本：700 毫米 ×1000 毫米　1/16
字　　数：256 千字（全四册）
书　　号：ISBN 978-7-5207-2955-0
定　　价：100.00 元（全四册）
发行电话：(010) 85924663　85924644　85924641

如有印装质量问题，我社负责调换，请拨打电话：(010) 85924602　85924603